尽善尽美　　　　　弗求弗迪

美迪润禾书系

有情绪，很正常啊！
陪孩子安然度过青春期

[韩] 张曦允（장희윤）◎著　董雪丽◎译

电子工业出版社
Publishing House of Electronics Industry
北京·BEIJING

사춘기 부모수업（Adolescent parent class）
Copyright © 2019 by Jang Hee yoon
All rights reserved.
Translation rights arranged by Borabit Cow through May Agency and CA-LINK International LLC.
Simplified Chinese Translation Copyright © 2023 by Publishing House of Electronics Industry Co., LTD

本书简体中文版专有翻译出版权由 Borabit Cow 通过 May Agency and CA-LINK International LLC. 授予电子工业出版社。未经许可，不得以任何手段和形式复制或抄袭本书内容。版权所有，侵权必究。

版权贸易合同登记号 图字：01-2023-3630

图书在版编目（CIP）数据

有情绪，很正常啊！陪孩子安然度过青春期 ／（韩）张曦允著；董雪丽译. —北京：电子工业出版社，2024.3
（美迪润禾书系）
ISBN 978-7-121-47058-5

Ⅰ. ①有… Ⅱ. ①张… ②董… Ⅲ. ①青春期–家庭教育 Ⅳ. ① G782

中国国家版本馆 CIP 数据核字（2024）第 038689 号

责任编辑：黄益聪
印　　刷：三河市兴达印务有限公司
装　　订：三河市兴达印务有限公司
出版发行：电子工业出版社
　　　　　北京市海淀区万寿路173信箱　邮编：100036
开　　本：880×1230　1/32　印张：8　字数：159千字
版　　次：2024 年 3 月第 1 版
印　　次：2024 年 3 月第 1 次印刷
定　　价：59.00元

凡所购买电子工业出版社图书有缺损问题，请向购买书店调换。若书店售缺，请与本社发行部联系，联系及邮购电话：(010) 88254888，88258888。
质量投诉请发邮件至 zlts@phei.com.cn，盗版侵权举报请发邮件至 dbqq@phei.com.cn。
本书咨询联系方式：(010) 68161512，meidipub@phei.com.cn。

前　言

Q："老师，青春期到底是什么？"

A："嗯……就好比我说，'地板滑，别从这儿过'，但是有五个人就像没听见一样，大摇大摆地从这儿直接走过去了。青春期是不是类似这样？"

我从在师范学校读书开始，就在很多地方给学生上过课，教他们语文。我发现，在课堂上见到的孩子和在生活中见到的孩子完全不同。曾经有人用"恐怖"来形容青春期的孩子们。起初，我觉得这种形容不过是开玩笑。这些年来，我经历了各种大大小小的事件，常常感到焦头烂额。直到经历了一次青春期少年拨打"119"[①]的闹剧，我才真切感受到他们的巨大威力。

青春期的孩子们性情冲动，以自我为中心，但他们也会在别人看不到的地方思考自己的人生，做自己人生的主人。在那些成年人完全无法理解的荒唐行为背后，有着他们自己才懂的理由。看到父母们和孩子们过着渐行渐远、貌合神离的生活，我常常感到心痛和焦急。我想，哪怕能给因子女青春期而受苦的父母们一点点帮助，我的辛苦劳动也是值得的，所以我就动笔

---

① 在韩国，119是火警和急救电话。

写了本书。

这本书包含了过去十年中我通过校内外教育遇到的孩子们和父母们的事例。有的孩子懦弱,有的孩子暴躁,有的孩子敏感……孩子们的个性多种多样,在青春期呈现出的问题也五花八门。通过观察那些既具有普遍性又具有特殊性的青春期表现,我意识到一起思考和分享他们的问题不失为一个好方法。希望这本书能给正在和青春期子女一起磕磕绊绊前行的父母们带来一线安慰和希望。

本书在问世之前得到了很多人的帮助。在此,向一直引导我思考教育本质的崔英兰老师、帮助我成为教育专家的《韩国讲师报》社的法人代表韩相亨先生表示衷心的感谢。此外,我还想对给予我鼓励和赞扬的韩明均老师、尹正洙老师、作家朱美熙女士表示诚挚的谢意。

多亏各位老师经常在我身边帮助我,我才能从一个马马虎虎的年轻教师,顺利成长为一名有经验的教师。特别感谢像妈妈一样经常鼓励、安慰我的李民熙部长,温暖地给予我建议的金成天老师,热情如火的林永勋老师,从物质和精神两方面给予我帮助的卓成爱老师、徐锡子老师,与我一起分担痛苦、为我遮风挡雨的李由珍老师……向各位老师致以崇高的敬意。

在完成本书的过程中,紫牛出版社①的总编金哲元先生和主编金伊瑟女士给了我很大帮助,鼓励我把这些原本只有我一个人知道的笑泪参半的动人故事勇敢地讲出来。我想对我所有的学生说我爱他们,是他们让我深刻地体会到教学相长的意义。在此还要向本书每一部分作为结尾精灵登场的五位宝贝(多英、

---

② 出版了本书韩语原版的韩国出版机构。

成彬、杰烈、允贞、智温）表达无限的感谢。最后，我要深深地感谢我挚爱的家人，特别是我的母亲，她始终如一地爱我，支持我，哪怕我一心专注在青春期教育上，没能好好尽孝，她也没有一句怨言。

目 录

第一章

我的乖孩子，你要走向哪里
[掌握情况篇]

2	第1课	老师，我家孩子连骂人都不会，怎么可能……
8	第2课	无法理解的一段时期
13	第3课	我的乖孩子，你要走向哪里
18	第4课	不是妈妈的错啊
23	第5课	知道你很累，其实我也很伤心
28	第6课	家有青春期少年意味着什么
33	第7课	问题儿童背后是问题父母
38	第8课	是青春期，还是抑郁症
44	#内心探访①	曦允老师提问，多英回答

第二章

一边教训孩子，一边看孩子眼色
[行为指导篇]

50 第9课 父母和孩子之间也需要"推拉策略"
56 第10课 及时读懂孩子发出的信号
63 第11课 孩子愿意跟随"点头型父母"
69 第12课 妈妈太反复无常了
74 第13课 也可能不是不想学习
77 第14课 青春期不是借口
82 第15课 为防偷针变偷金，爱子须多打一棍
87 第16课 妈妈的焦虑，孩子是知道的
92 #内心探访② 曦允老师提问，成彬回答

第三章

一句话打开青春期孩子的心灵
[对话方法篇]

98	第 17 课	可不可以不唠叨
103	第 18 课	妈妈是自尊心小偷
107	第 19 课	通过对话让孩子实现自我反省
112	第 20 课	学会读懂孩子的心
116	第 21 课	父母的话变了,孩子的话也变了
122	第 22 课	孩子们更在意情绪
128	第 23 课	父母要先管理好情绪
133	第 24 课	和妈妈说不通
137	#内心探访③	曦允老师提问,杰烈回答

第四章

完全无法理解孩子的心
[内心教练篇]

142　第 25 课　你知道孩子对什么感兴趣吗
148　第 26 课　你开始对孩子进行性教育了吗
154　第 27 课　被父母认可的孩子会得到全世界的认可
159　第 28 课　如何提升孩子的自尊感
164　第 29 课　你是监视者还是引导者
169　第 30 课　指责和鼓励的平衡
173　第 31 课　孩子喜欢像前辈一样的父母
177　第 32 课　妈妈会站在你这边的

183　#内心探访④　曦允老师提问，允贞回答

第五章

坚定的妈妈才能抓住动摇的孩子
[父母成长篇]

188　第 33 课　即使孩子动摇了,父母也要坚定

192　第 34 课　如果你不想执着于分数

198　第 35 课　孩子啊,中途辍学太可惜了

205　第 36 课　孩子是不是游戏上瘾了

211　第 37 课　和孩子一起成长

216　第 38 课　孩子长大后,会成为另一个你

221　第 39 课　等待,是最有智慧的爱

227　第 40 课　爱孩子,更要信任孩子

233　第 41 课　今天幸福,未来才会幸福

238　# 内心探访⑤　曦允老师提问,智温回答

第一章

我的乖孩子，你要走向哪里

[掌握情况篇]

第1课

老师，我家孩子连骂人都不会，怎么可能……

绝大多数的母亲都认为，自己是世界上最了解孩子的人：十月怀胎生下的孩子，自己不了解，谁会了解呢？也许，下面的话会让你觉得不可思议——事实上，母亲极有可能是这世上最不了解自己孩子的那个人。

一所高中发生了校园暴力事件，学校启动了"防治校园暴力委员会"。施暴的那名学生平日里总是惹是生非，老师们也拿他没办法，一提起他就头疼。当班主任把家长叫到学校的时候，家长却非常惊讶："老师，这怎么可能？我家孩子连骂人都不会……"

孩子们从上初中开始，每天的日程就比大人还要繁忙了，父母和子女虽然生活在一个家里，但每天一起度过的时间并没那么多。从上面的例子中我们可以看到，跟孩子最为亲近的父亲母亲，对自己孩子的身心变化并不了解。孩子们早已不是父母眼中的样子，早已脱胎换骨般地变化了。

"老师，我儿子初中的时候不是这样的。现在怎么变得好像我不认识了？"

"他怎么能做出这种事来？"

对于父母来说，孩子就像降临人间的天使一样，给自己的生活带来了莫大的快乐和幸福。可是随着青春期的来临，孩子们变得越来越难懂了。用流行的话说，他们患上了"中二病"。父母一接到学校打来的电话，精神就立刻陷入崩溃状态。一直以来的那个乖巧可爱的宝贝，怎么就变成了让自己这么心烦、难堪的"冤家对头"？

青春期的孩子们什么事情都自作主张，答应好的事情说变卦就变卦，让朝夕相处的父母也感到压力巨大。父母常常会忍不住提醒他们几句，他们只是头也不抬地"嗯"一声，然后好半天不动窝儿。父母要是再多催促几声，他们就会没好气地大喊"我都说我知道了！"——他还有理了。看到他们这副样子，父母免不了会胸闷气短，憋出内伤。

也不知道为啥，他们的屁股总是那么沉，父母不知道催了多少遍"快点啊，快点啊"，他们才磨磨蹭蹭地去上学，或者去上补习班。有多少次，他们嘴上说着"我要去学习了"，却抱着手机半天不放下，父母看着感到肺都要气炸了。总之，父母的话一律不听——他们大概下了这样的决心吧，在家里完全不听话。

听说我要写一本跟青春期教育有关的书，一位老师也皱着眉头说："哎哟，现在这孩子，家里明明有饭，却非要吃方便面，还专吃那种碗面……啧啧，真是搞不懂啊！"（这位老师觉得碗面的碗含有有害物质，对身体不好。——译者注）

即便是学校里以教书育人为职业的老师们，也常常对自己孩子的青春期问题感到棘手，特别是孩子们青春期特有的巨大变化，让他们感到十分费解——眼前这个跟以前完全不同的孩子，真的是我家孩子吗？

不光是男孩子，进入青春期的女孩子也让父母们大伤脑筋。很多女孩子从小学就开始化妆，有的甚至化着比大人还浓的妆去上学。如果母亲强烈反对，她们会假装素颜出门，然后在路上完成化妆，浓妆艳抹地出现在学校里。父母们不能理解，孩子每天早晨本来就忙得够呛，为什么要费劲地化妆呢？但是你要是这么去问那些喜欢化妆的小女孩，她们的回答一定会让你惊掉下巴：

"老师，素面朝天出门，不会觉得丢脸吗？"

她们不会说"化了妆好看啊"，或是"为了吸引男生注意啊"这类的话。在大人眼里，她们不过是15岁左右的小孩，可是她们却认为自己已经是大人了，需要展现社会生活中的礼节：化了妆才能出门。她们的回答，是不是很令人惊讶？诸如此类大人们无法理解的事情，青春期的孩子们总是有着五花八们的理由。不管是孩子们的行为难以理解，还是巨大的变化难以想象，都在提醒父母们，或许他们应该早点意识到——青春期，正是孩子们个性形成的时期。

维京是我以前就认识的一个孩子，现在，她也变化大得让我快认不出来了。维京从小就是村里有名的"书呆子"，看着这么爱读书的孩子，她妈妈觉得以后完全不用担心她的学习了。但她进入中学之后，情况完全不同了，她对看书没有丝毫兴趣，每天光是和朋友们出去玩。她的妈妈难过地对我说："不知怎么搞的，以前一天到晚看书的孩子，怎么就变得一本书都不读了呢？太可惜了，太伤心了……"

其实原因很简单，就四个字：天地宽了！维京的世界变大了——对于小学生维京来说，书就是她的世界，但进入青春期之后，比书更有魅力的、那个叫作"朋友"的世界出现了。维京和同龄人在一起的时候心情愉快，而且她渐渐意识到，自己长得漂亮，在人群中很受欢迎，这让她感到快乐，所以，她没有理由非得紧抓着书不放。

这样的情况不仅仅出现在维京身上，很多孩子都和她一样，在青春期会经历翻天覆地的巨大变化。父母们也都像维京的妈妈一样，无法接受一个行为180度大转弯的孩子。这是为什么呢？

简单来说，是因为孩子们变化的方向完全不符合父母们的期待。父母们喜欢看到自己的孩子像"书虫"一样书不离手，却无法接受一个"不化妆不能出门"的孩子。接受一个不读书、不学习，却每天跟同性或异性朋友混在一起的孩子，是父母们难以想象的。

然而，我不得不遗憾地告诉父母们：你从未想象过的那副模样，才是大多数青春期孩子的真面目。如果你无视孩子的变化，只一味地要求他回到小时候那样，你和孩子的关系一定会很糟糕。孩子已经全身心地向父母、老师，向全世界发出了变化的信号，谁拒绝接受他们的变化，他们和谁的沟通就会中断。

因此，作为父母，要及时发现并认可孩子已经进入青春期，首先要表现出接纳的姿态。把过去那个让自己满心欢喜的乖宝宝留在回忆中，拥抱面前这个一点一滴变化着的孩子吧！

曦允老师的知心话

想必一直以来，您都觉得自家孩子还只是个小孩吧？看到他们的变化，您一定感到非常惊讶吧？

正如秋天在盛夏里悄然来临一样，孩子们也会在不知不觉中进入青春期。虽然也有一些善于自我观察的孩子注意到了自己的变化，但大多数的孩子是意识不到的。父母们如果过分抗拒孩子的改变，或者因为孩子一些难以理解的举动就吓得心惊肉跳，未免有点反应过度。

这个时候，父母们淡淡的态度反而有助于处理好亲子关系——坦然地接受孩子的变化吧！如果父母们意识到并且承认青少年在青春期产生激变是正常现象，孩子们也一定会在变化的旋涡中找到自己的方向。各位父母，让我们以冲浪者的心态陪伴孩子的成长怎么样？无论波涛如何起伏汹涌，我们首先稳定好自己的重心。

第 2 课

无法理解的一段时期

作为一名班主任,我最难受的事情是发现学生又逃学了。

"你今天也不来上学吗?"这是我常常发给那些家伙们的短消息。

我热切地期待着学生的回复。我总是想:万一他(她)会来呢……办公室里邻座的老师大概是觉得我太执着了,劝我说:"放弃吧!想来的已经来了,不想来的等也不会来。"

我等待的是一个头脑聪明、性格开朗的孩子。按理说,这样的孩子在学校里日子并不难过,相反会过得很愉快,无论学习还是人际交往,都会开展得比较顺利。可是,他觉得学校生活很无聊,不太喜欢学校,再加上他和母亲的性格反差较大,时时处处都可能发生冲突,出于反抗心理,他有时候会躲到朋友家不肯回家,有时候干脆拒绝上学。他把考试称作"黑色考试",也多次说过"想要转学",无故缺勤更是家常便饭。

孩子的妈妈对我说："真是无法理解他为什么会这样。他要求我做的我都做了……也没有什么特别的事呀，但他就说不想上学……"她的眼睛里流露出无计可施的悲哀。她向我咨询了将近一年，关于"到底为什么会这样"，我们聊了很多，但是我一直找不到关键的原因。

有一天，那孩子又逃学了，我和他妈妈电话沟通了一小时左右。忽然，他妈妈小心翼翼但又像下定了决心似的对我说："老师，我好像猜到了！"她的语调正式且严肃，我的心也不由得跟着紧张起来。

"老师，可能是因为我怀孕的时候吃了泥鳅，所以这家伙像泥鳅一样不好抓！"

听到她一本正经地说出这么滑稽的一句话，我忍不住拍手大笑，声音大得恐怕隔壁办公室都能听到。

"哎呀，我的妈呀！终于找到原因了——原来是泥鳅做错了！哈哈哈……"

这位母亲的内心到底有多焦虑，才会连怀孕时吃过泥鳅的事情都想起来！虽然我大笑了一阵，但那一瞬间，我真正体会到了一位母亲苦恼而又无奈的心情。

青春期孩子们的行为是非常情绪化的，具有突发性的特点。他们往往不是基于对事件和目标的整体认知，而是更倾向于按照那时那地的心情行事。所以，我们不难看到，一些一向非常重视出勤分数、因为怕迟到每天跑着到校的好学生，有时也会为了庆祝其他学校的朋友考试结束，逃掉自己的社团课程，因无故旷课被老师大幅扣分。事实上，这种无厘头的事情并不少见。

具有理性判断力的成年人，当然很难理解青春期孩子们的这种即兴行为。其实，即使是同一年龄段的孩子们，由于每个人所处的境况和看问题的水平不同，也经常互相不理解。青春期，从根本上来说，是青少年寻找自我的过程，与他人对立是必然的。

青少年常常意气用事，行为冲动，与这个阶段大脑发育的特点密切相关。简单来说，这个阶段的大脑主管理性判断的额叶还不发达。成年人在分析信息和做出决定时，用大脑前部的额叶进行逻辑和理性的判断，十几岁的青少年则是用脑颞叶内侧的杏仁体代替正在发育的额叶来分析信息，并做出决定的。杏仁体从婴儿出生时就已基本完成发育，它主管情绪而非理智，因此，青少年的决策更倾向于遵从自己的好恶和一时的情绪。作为父母，不要急于以成年人的标准来判断青少年的行为，而要耐心地等待他们幼稚的想法和做法慢慢成熟。

生物学上普遍认为，人的额叶要到30多岁才能发育完全，但我在学校里观察发现，也有很多孩子在一年之间就有飞跃性的发展。经常是才过了一年，孩子们就长大成熟了很多。

"唉，犯愁啊！你说这小子能长大成人吗？"

"她这中学能顺利毕业吗？"

我无数次听到父母们的担忧和叹息。

所以，当看到那些曾经让父母头疼不已的孩子们按时到校、努力学习的样子，我常常感动得泪流满面。

大部分的孩子都是这样的，只要顺利度过了青春期，就能成长为一个潇洒稳重的大人。所以，父母与其害怕和抗拒孩子们的变化，不如集中精力，认真地关注孩子们到底需要经历怎样的变化，之后又会如何成长。

即使孩子一而再，再而三地做出令人难以理解的事情，父母也千万不要一味简单粗暴地指责他们。我们改用温暖的目光看待他们，如何？我想，只有父母和老师对青春期的孩子给予温暖的关爱，孩子才有可能对自己的思想和行为进行省察。

曦允老师的知心话

教育这帮淘气的家伙，我经常会不自觉地提高嗓门。可是，听到自己歇斯底里的喊叫声时，我又常常会后悔、自责。

想必父母们也是一样的吧？即便自己已经非常努力地去理解子女了，也还是出现过许多次情绪失控的经历吧？这种时候，父母们也不必太过自责——虽然我们是成年人，但谁能做到时刻掌控好自己的情绪呢？我们所能做的，是尽快调整好自己的情绪，然后试着和孩子重新对话，向他们和缓地说明自己作为父母的想法和感受。这时你会发现,其实孩子远比你想象中更懂事。刚刚你可能还在心里嘀咕"这家伙是我的孩子吗",这时,你可能又会在心底悄悄地感叹"这家伙还真是我的孩子"。

第3课

我的乖孩子，你要走向哪里

阐述人类本性的理论大致上可以分为三种：第一种是"性善说"，第二种是"性恶说"，第三种是"性无善恶说"。顾名思义，"性善说"主张人天性善良；"性恶说"认为人本性邪恶，但可以通过教育、训练、管理等变得善良；"性无善恶说"则倡导人的本性没有善恶之分。

在我还没有正式走上教师岗位、正在准备教师录用考试的那段时间，我常常想起我的一位教育学教授说的一段话。她说她在读硕士、博士的时候支持"性善说"，但是在养育儿子的过程中，渐渐改为支持"性恶说"。她说，看着整天撕纸、把房间弄得一团糟的儿子，她发现人类的本性是邪恶的，但通过教育会变得善良。

这位教授算是比较早地悟到了"人性本恶"，但大部分父母直到孩子进入青春期之后，才逐渐有了这种意识——之前那个善良、温顺的孩子，不知从什么时候开始，变成了一个完全陌生的孩子。家里整日弥漫着火药味，亲子间的"气势之战"无休无止，一触即发。

如果说，青春期是孩子们成长道路上必经的一段隧道，那么父母应该成为孩子们顺利走出这条隧道的指路灯。如果父母们不能很好地引导孩子，一味说教、批评甚至打骂，极有可能闹得两败俱伤。父母们不得不一边惊慌地呼喊着"我的乖孩子，你要走向哪里"，一边后悔着自己的不当教育。

俊赫原本是一个品学兼优的好学生，初中时一直是学生会主席。初中毕业后，他考到了离家很远的镇上上高中。因为距离的原因，俊赫不得不在镇上租了一间房子，过起了外宿生活。原本以为他可以在自己的房间里清清静静地学习，谁知才过了不长时间，俊赫的同学们就三三两两地聚集到了他的出租屋里。高中男生们聚在一起，自然免不了学着大人的样子喝酒、抽烟，甚至打群架，肆无忌惮地做着各种坏事。

俊赫的跆拳道练得很好，这让他在打架中感受到了自己的强大。很快他就成了打群架的头头儿，以"练练拳头"为名，到处跟人打架。他渐渐习惯了用喝酒和打架的方式疏解自己内心的彷徨。学校一次又一次对他进行批评教育，甚至予以处分，但他屡教不改，学校只能勒令他退学。他的父亲为了儿子能拿到高中毕业证，到学校苦苦哀求。经过父亲的一番努力，他勉强拿到了毕业证。但是毕业之后的俊赫依然十分好酒，一喝酒就会把平时隐藏的情绪发泄出来，变成一个具有攻击性人格的人。俊赫的父母曾以为，一向乖巧、爱学习的儿子，到了高中也会一样，但事实上截然相反。

与青春期相伴而来的，常常是非常极端的变化。屡见不鲜的案例也让人们"谈青春期色变"。但我认为这一时期戏剧性的变化，并不完全是坏事，好好地利用这个时期，青春期也很可能成为青少年形成良好人格的跳跃期。

我爱青春期少年的一切变化，甚至可以说，正是因为这些变化的无限可能性，我才选择当老师。与成年人的成熟稳定相比，青春期的孩子们可能一瞬间就从肯定变为否定，或者从否定变为肯定，所以父母们不要因为"我的乖孩子不见了"而伤心，而应该想办法把他们引导到积极的变化中来。

已经上了大学的孝贞，现在一边勤奋读书，一边努力打工赚钱，非常懂事，可谁能想到，孝贞的青春期也过得令父母心惊肉跳。高二的时候，不知什么原因，她突然宣布不打算上大学了，接着就开始逃学，整天跟朋友们混在一起。她的妈妈心急如焚，每天寝食不安，患上了严重的中耳炎。

青春期的孩子就是这样，他们的变化快得常常令周围的人措手不及。看着焦虑的孝贞妈妈，我说："如果孝贞有明确的目标，您不妨支持她，不一定非要上大学。"但是我跟孝贞多次沟通之后，发现孝贞并没有什么目标。于是，我给她写了一封信：

"孝贞啊，不上大学也行。可你知道吗，上大学最棒的一点就是可以享受大学的文化。对我来说，读大学那几年是我人生中最美好的时光。如果你也有这样的美好经历，我真的会很开心。"

也许是我的真心打动了孝贞，她重新回到学校，并且非常认真地准备了高考，以不错的成绩被一所本科大学录取。现在，她已经完全不是那时候的样子了，又漂亮，又热情，努力学习，享受大学时光。

子女进入青春期，父母们通常会经历三个阶段的感情变化。刚开始是感到惊慌，因为根本无法想象孩子会变成这样。接着感受到的是失望。受惊的心稍稍平静下来一看，孩子的行为真是可恶至极，似乎自己十几年来辛苦培育的果子，一夜之间彻底烂掉了。最后，父母们会感觉愤怒。"这长大了得变成什么样啊？""你让我做的，我都做了，好不容易把你养大了，怎么变成了这副德行？人家生的是孩子，我生的是冤家！"父母们经常控制不住自己的火气，声嘶力竭地咆哮："你以为只有你遭遇了青春期吗？我还进入更年期了呢！"父母们的愤怒情绪，就像一封宣战书，拉开了与孩子战争的大幕。

父母们从惊慌到失望，再到愤怒，虽然是人之常情，但这样的反应和态度，只会与孩子形成敌对关系。为了更好地帮助到孩子，我希望父母们能把这些负面情绪统统收起来，默默地守护孩子，静观其变。孩子们成长的过程，就像打游戏通关一样，该做的事情必须做完，才能过关，进入人生的下一个阶段。

有研究结果显示，没有经历过青春期叛逆的孩子，成年后会经历更严重的青春期。如果父母和老师们以"通关"的观点来看待青春期，就会对孩子们的青春期叛逆更加理解和宽容。另外，如果我们把青少年视为具有独立人格的人，多尊重、多考虑他们的意见，他们的叛逆心就会明显减弱。

曦允老师的知心话

男女生同校不可避免地会出现很多校园情侣。每当看到他们穿着校服，在公共场合大秀恩爱时，父母们一定会大吃一惊，有的甚至会大发雷霆："屁大点的孩子就开始谈恋爱，以后能有什么出息！"

父母们说这样的话，当然会被年轻人视为"老顽固"，他们对于"老顽固"的意见和建议往往是不屑一顾的。所以，父母们与其在孩子面前表现得惊慌、失望、愤怒，使亲子之间产生更大的距离感，不如以此为契机，对孩子进行教育，这样可能会轻松得多。父母们最好委婉地让孩子认识到，在校内外做这样的亲密举动会有什么问题，引导孩子正确健康地谈恋爱。

第4课

不是妈妈的错啊

我当初二年级班主任的时候，经常在父母和孩子之间充当中间人，一场沟通结束之后，我总是百感交集。有时候父母们会后悔自己没能多站在孩子的立场上想想，孩子们也很遗憾自己在不顺心的时候，没能体谅爸爸妈妈心里的苦。

"老师，这事您知道吗？"经常有父母在孩子出现问题的时候，担心我不知道，这样问我。

每次我的回答都是一样的："我知道，但我在观察。"

我和孩子们的关系很密切，孩子们也喜欢告诉我一些"小秘密"，所以我对他们的交友关系基本了解，但我不会贸然干涉他们的交友问题，因为孩子们有属于他们自己的规则和机制。刚开始的时候，我也总是战战兢兢地想亲自解决孩子们的吵闹和矛盾，每当看到我这样，我的导师金成天老师就会劝我："张老师，别放在心上，他们很快就会和好了。"

一开始我还不相信，因为在我看来，矛盾会随着时间的推移，逐渐走到无法消除的程度。但令人惊讶的是，争吵的画面大概刚刚在他们的记忆中变模糊，他们就又互相拉着手咯咯地笑成一团，就像什么事都没发生过一样。

经历过几次这样的事情之后，我得出了结论：解决孩子们的问题需要的是"观察"，而不是生硬的"介入"。孩子们需要大人帮助的时候，自会找上门来求助，这时候，大人适当地伸出援手，问题自然会迎刃而解。如果大人给予孩子们亲自解决问题的机会和时间，不但孩子们解决问题的能力会提升，事情的处理结果通常也会更好。

但是，大多数父母和我的观点不同。特别是当孩子伤心难过的时候，父母如果没有为他做些什么，内心的自责可能是无法用语言来形容的。

美慧的妈妈就遇到了这样的情况——放暑假之前的一天，美慧和她的朋友们吵架了，之后美慧曾多次向朋友们道歉，但朋友们就是不接受。我以为过了一个假期的时间，美慧和朋友们一定能和解，但是，暑假过完了孩子们也没有和好。双方对峙的局势一直在持续，更糟糕的是，美慧反而关上了心门。她认为自己已经道歉了，而且一直试图和朋友们好好相处，但情况依然没有改变。她干脆放弃了，宣布自己不会再为此事做什么努力和让步。过了一段时间，她居然开始不吃学校的午餐了。

得知这种情况，我和美慧的妈妈通了电话。妈妈既担心她的同学关系恶化，又心疼她不吃午饭饿肚子，非常焦急，电话的那边是强忍泪水的哽咽声。

可是仅仅几天之后，孩子们就和好如初了，就像从来没吵过架一样亲密无间。听说美慧又像以前一样吃学校的午餐了，她妈妈高兴极了。对于正在为孩子忧心的父母来说，没有比孩子好好吃饭更能让他们宽慰的了。想必家有青春期孩子的父母，很多都有过像美慧妈妈这样强忍泪水的经历吧。

对孩子们来说，同学之间的矛盾既是饱受煎熬的"心灵之痛"，也是可以实现更大飞跃而必经的"成长之痛"，对此，父母有必要正确认识，并且在遇到这类问题时保持冷静。事实上，父母不可能解决子女的所有痛苦，为了孩子能够成长为一个有力量战胜内心痛苦的人，父母和老师们应该在青春期着力培养孩子们的"自生能力"。因此，即便父母看到孩子受伤非常心疼，也要让孩子自己给伤口消毒，注视着他们重新站起来。相反，父母的轻率干预会让孩子感觉更痛。

最重要的是，父母不要因为孩子痛，自己就跟着一起痛。处在伤痛中的孩子，如果发现父母也在受苦，会觉得自己没有可以回归和依靠的地方。请相信，孩子自我修复的能力远比大人想象得强，即使遭遇创伤，他们也很快就会忘记，重新变得开朗自信。但大人不是这样的——父母如果完全承担了孩子的伤痛，内心就会产生很强的无力感，这份痛苦会被进一步放大，导致整个家庭生活质量下降。因此，父母最好不要过分沉溺在孩子的痛苦中。

比起"父母陪着孩子痛"的做法,我认为,父母更应该以"痛才是青春"的豁达,与孩子的伤痛保持适当的距离。而且,当你相信孩子的问题一定会顺利过去时,很多时候确实会顺利过去。

当父母把青春期孩子的问题全部视为自己的错误时,夫妻之间的关系也可能会出现问题。拥有家庭绝对权威或者工作压力很大的父亲,在子女不随自己心意的时候,往往会跟孩子发完脾气,又质问妻子每天在家里到底做了什么,有没有好好教育孩子。一旦遇到这种情况,孩子的母亲就会遭受双重痛苦。

只要不是单亲家庭,子女的教育责任就应该由父母双方共同承担。另外,在子女做出不当行为时,应该集中精力解决问题,而不是追究彼此的责任。总而言之,客观地看待子女的痛苦,与子女的痛苦保持适当的距离,鼓励并支持他们完成自我成长,才是真正有智慧的做法。

曦允老师的知心话

你听说过"直升机妈妈"这个新词吗?"直升机妈妈"是指子女上了大学或者已经步入社会,依然留在子女身边、事无巨细都要过问的母亲。出现这种情况很有可能是因为父母们的关注点过分集中在子女身上,把子女的生活和自己的生活完全混同了。

父母的这种态度不但无助于子女的成长,还会让他们产生自己依然是孩子的错觉。虽然子女的生活很重要，但父母更应该重视自己的生活。父母过度参与子女的生活，会对自己的生活产生迷失感，找不到自己生活的重心。

心理咨询师和精神科医生经常训练自己不要沉浸在来访者的苦恼中。过分投入到别人的情绪中不能自拔，会使自己身心疲累，严重的甚至会达到无法再做心理诊疗工作的程度。

父母也一样。父母和子女之间固然有着非常紧密的联系，但绝不是"命运统一体"。正如子女不能承担父母的痛苦一样，子女的痛苦也不能由父母代为承担。为了让孩子的内心变得坚强，父母应该鼓励孩子自己战胜痛苦，一定要把孩子的事情交由他们自己决定。

第5课

知道你很累，其实我也很伤心

现在孩子们上学的门槛比以前低了很多，但孩子们的学校仍然是最令家长担心和焦虑的一个地方。特别是接到班主任打来的电话时，家长们很有可能一整天心情都不太好。

我们班有一个非常淘气的学生，每当他受伤或者出现问题的时候，我都会给他妈妈打电话。有一次他妈妈告诉我，现在她只要一看到我的电话号码，心就扑通扑通地乱跳。她的这番话让我感触良多，从那以后，遇到需要告知家长的事情，若非紧急情况，我都会先发短信联系家长，然后再打电话。对一位母亲来说，被老师叫到学校里是多么令人胆战心惊的事情，只是孩子们体会不到。

去年发生的一件事，我至今记忆犹新。那天，教导处门口站着一位端庄优雅的中年女性，留着齐整的短发，穿着A字裙，说是学生家长，来找一年级二班的班主任。在等待班主任的时间里,那位母亲的眼泪就像断了线的珠子,扑簌簌地落了下来。见此情形,教导主任赶紧询问她是哪位学生的母亲,因为什么事情来学校。不问还好,教导主任这么一问,那位母亲竟然一下子痛哭起来,哭得话都说不出来。最后我们只能把她请到心理咨询室。

好不容易了解了事情的原委,才知道这位母亲并不是初中部学生的家长,而是高中部的,因为校园暴力事件被老师叫到学校。虽然我不清楚她的孩子到底惹了什么祸,但我深深地感受到了这位母亲内心的焦灼。

孩子们却是无暇顾及家长的感受的,因为他们把自己放在第一位。他们看不到父母为了帮助他们收拾烂摊子急急忙忙奔走的脚步;看不到在他们深陷失恋痛苦时,父母流下的心疼的泪水;当然也不知道父母在因为他们参与校园暴力事件或违反校规被学校传唤时,内心难以形容的失望和愧疚……

在韩国,根据"预防和应对校园暴力"的相关法律,校园暴力是指以学生为对象,在身体、精神、财产等方面施以伤害的行为。一旦发生校园暴力,可以依据受害程度和受害者的意愿等,启动校园暴力自治委员会(以下简称校暴委)的工作。

宣导委员会(以下简称宣导委)是学生违反校规时启动工作的审议机构。例如,学生做出对老师出言不逊或者辱骂老师、吸烟或者染发这类违反校规校纪的行为时,会被提交到宣导委。

设立校暴委也好,宣导委也好,都是为了提醒学生遵规守纪，不要做出错误的行为。但是一部分家长对此认识有偏差，说这些机构只是为了惩戒和处罚。其实，设置这些机构的终极目的，是对孩子们进行恢复性教育，帮助孩子们改掉恶习恶行，惩戒或处罚只是附带的一点手段而已。

一般来说，解决校园暴力事件采用受害者优先原则，因此，家长有必要教育子女，在任何情况下都不能使用暴力。

当然，也有一些很难控制自己愤怒情绪的孩子，需要老师和家长格外关注。青春期的孩子大多比较暴躁，但如果超过了一定程度，就可能是患有多动症或愤怒调节障碍造成的。如果有孩子疑似患有多动症，应该及时就医诊断，通过服药治疗、接受心理咨询等方式来缓解问题。

患有多动症的孩子有控制不住愤怒的倾向，如果家长发现孩子行为散漫、极度易怒，最好带他们去医院接受检查。

通过接受药物治疗或心理咨询，大多数多动症患儿的症状会有明显好转。但是家长往往一时难以接受自己的孩子是多动症患者。他们当中，有否认检查结果的，也有痛哭流涕无法承认现实的。

对于家长来说，带着疑似有问题的孩子去医院接受诊断，确实是一件相当残酷的事情。但是如果错过治疗时机，情况可能会糟糕到医生也无能为力的程度。据说，中学阶段是解决这一问题的最佳时机。因此，家长千万不要讳疾忌医，以免错过治疗的黄金期，让孩子在适当的时候接受恰当的帮助才是最重要的。

2017年被美国《时代》周刊评选为"全球最具影响力的30位青少年"之一的韩国模特韩贤敏，也曾有过一段疾风怒涛般的中学生活。他的父亲是尼日利亚人，母亲是韩国人，虽然他长着一副黑人的面孔，内在却是一个热爱米肠汤的"本土"韩国人。

他出道以前，是一个经常被同学们戏弄的普通学生，因为成绩总是垫底，每天被同学们笑称为"黑哥"，日子过得很压抑。初中时的一天，他的心里突然燃起莫名的愤怒，离家出走了。他的母亲虽然心急如焚，但也并没有找他。韩贤敏后来回忆起这段经历时说："当发现妈妈不找我时，我心里非常不安，所以我很快就回家了，而且向妈妈承认了错误。从那时起，我决定再也不离家出走了。"

其实，对于韩贤敏的离家出走，他的母亲并非无动于衷，相反，她的心在悄悄地滴血——看着只是因为皮肤黑就整天活在嘲讽里的儿子，她的内心也背负着沉重的愧疚感和负罪感。但她一想到如果这一次处理不好，以后就会继续发生同样的事情，就有力地控制了自己的情绪，镇定地应对儿子此番离家。贤敏回来后，她平静地说："儿子，你是这世间独一无二的存在！"

正是得益于母亲的不断鼓励，韩贤敏最终克服了外貌上的自卑感，成为韩国最优秀的模特。"多文化家庭"的背景不但没有影响他的健康成长，反而成为助推他走向世界的原动力。

他母亲的教育方式启发我们，为了把孩子培养成为格局更大的人，需要父母有一颗时而冷静、时而温暖的坚强之心。

曦允老师的知心话

父母们一听到孩子闯祸的消息，立刻会感到眼前一片漆黑。但与其过分感情用事，不如先稳住自己的情绪，冷静应对。只有抓住问题的本质，才能引导孩子朝着更好的方向前进。首先要全面深入地了解事情的真实情况，以及孩子的真实想法，然后再做出恰当的反应，或者是批评教育，或者是安慰拥抱，只是千万不要不分青红皂白就发脾气。

第6课

家有青春期少年意味着什么

"妈妈,我得了'中二病'!"

看着自称得了"中二病"的孩子那若无其事甚至有点得意的表情,家长们可能会以为"中二"是什么官职呢。但是看到他们那些难以自控的叛逆之举,又会以为"中二病"是一种难治的病症。青春期特有的"中二病",到底是从何而来的呢?

"中二病"这个词是日本某广播节目的主持人伊集院光首次使用的,随后迅速成为网络热词,被大众接受并广泛使用。为什么偏偏用"中二"来指代青春期叛逆的巅峰呢?我想,也许是因为初二年级在孩子们成长中具有很强的特殊性吧。

初中一年级是孩子们结束了六年的小学生活、步入中学校园之后适应新环境的时期。他们以新生的身份进入学校,在比他们早一年和两年入校的前辈们面前,自然缩手缩脚,不敢造次。作为初中最高年级的初三学生,即将成为高中生,他们下一级的后辈都已经上二年级了,这使他们产生了"要为后辈做表率"的责任意识。同时,初三学生天然就有着属于他们这个年龄段的稳重感。像"三明治夹层"一样处在初一和初三年级之间,忽上忽下起伏不定的就是初二学生。

2017年真称得上是"中二年",各种"中二病"少年的新闻层出不穷,其中最骇人听闻的是两名15岁的女中学生居然用钢筋和椅子,残忍地殴打一名14岁的女中学生长达两个多小时,并且非常自豪地在社交网站上上传了受害者的照片。看到浑身是血的女孩跪在地上的样子,成人世界一片惊愕:"连大人都不敢想的残忍之举,居然是两个中学生干的!"

这件事经过网络发酵,在社会上引起了轩然大波,给韩国人带来了巨大的冲击。许多人在网上留言:"在当今的韩国,到底该如何教育子女呢?"孩子们极度残忍的行为,也让不少人提出了"废除《少年法》"的主张。①

听到这样的新闻,很多家长都表示"愤怒而又恐惧"——如果自家孩子是暴行的受害者怎么办?又或者万一自家的孩子是施暴的一方怎么办?

可以说,发生这样的事情,让任何人都无法安心。为了防止孩子们成为新闻里暴力事件的加害者或受害者,唯一的方法就是日常好好观察孩子的行为举止,特别是要细致地观察以下

---

① 依据韩国《少年法》,14岁以下的未成年不会被处以刑事处罚,最严重的惩罚是移送少年院2年。

三个方面：

第一，要留意孩子们的情绪变化。青春期的孩子们在情绪和身体上都经历着剧烈的变化，他们无法有效地管理自己的情绪，常常以烦躁的态度表达着自己对固有价值观的否定和不满。从日常经验来看，青春期少年情绪烦躁是正常现象，但如果频繁发怒或过分暴躁，极有可能是有什么问题。

例如，如果孩子无缘无故地花了很多钱，在父母提出质疑的时候发很大的脾气，表现得非常抗拒，这种情况可能是学校周围有人敲诈孩子的钱。再比如，如果孩子特别不想上学，经常以生病为借口逃学，很可能是学校里的某种因素让孩子感到痛苦。如果孩子对学校的厌倦达到了让父母难以理解的程度，背后的原因很可能是校内人际关系不和谐……所以，父母应该详细了解孩子是否遭到了同学们的孤立、排斥，遭遇了校园霸凌。

第二，要注意查看孩子们的身体。很多男孩子在外面挨了打也不说，基于此，父母平常要注意观察孩子身上的小伤口。为了让孩子能够珍视自己的身体，加强"性教育"也很重要。父母应该告诉孩子，万一遇到性骚扰、性暴力等犯罪行为，一定要第一时间告知父母；另外，很重要的一点是，要教会女孩子在不幸遭遇性侵时避免怀孕的方法。

第三，要留心观察孩子身边的朋友。这里所说的观察孩子的朋友，并不是让父母检查孩子是否交到了像样的朋友，而是说，父母对孩子的朋友也要有一定的了解，不能一无所知。孩子在学生时代通过和同学、朋友的交往，经历各种人际关系，掌握交友的方法和智慧，包括学会在激烈的争吵之后快速和解，朋友之间培养深厚的关爱和友情等。父母此刻应该安静地陪伴在孩子身边，远远地看着孩子在交友的磕磕绊绊中不断成长。之所以说要留心观察孩子身边的朋友，是要防止孩子在交友中遭遇严重挫折。

在学生时代，孩子们只需要和亲密的朋友们相处就可以了，但长大成人进入社会后，就会遇到形形色色的人，超越年龄、学历、地域，甚至国家、民族等种种范围，每个人都不得不和各种各样的人打交道，这时候就会发现，缺乏人际交往经验的人，在社会关系的形成上会遇到困难，对工作产生不利的影响。所以，孩子们在青春期认真交友，积极体验，并提前学习处理人际关系问题的方法，也是非常必要的。

青少年身体已接近成人，但思想还在小孩和成人之间徘徊，是一个个不稳定的生命体。男孩子们大大方方地相互比较着身体，一边讨论着哪个部位有毛没毛，一边咯咯地笑着。女孩子们有勇气化着浓妆出门，看似不在乎别人的眼光，却又对同龄人的看法和反应非常敏感。孩子们身大心未长，出现各种问题和状况也在情理之中。

但幸运的是，一切都会过去。那些曾经暴躁如台风一样的孩子，骂人、逃学、离家出走，甚至向别人施暴，把家里和学校闹得人仰马翻，但时间过去，这些孩子又摇身一变成为规规矩矩的预备毕业生，勤勤恳恳地学习，准备上高中。那成熟稳重的样子，甚至让人怀疑"他什么时候做过那样的事"。曾经互相揪着头发打架的两个人，居然成了亲密无间的挚友……

作为青春期孩子的父母，每一天都体会着坐过山车的感觉，不能不说是一场被动的身心修行。即使家长们现在正在经历着"在疾风骤雨中迷茫前行"的痛苦，也请务必牢记，这是一场"很快就会过去的阵雨"，希望这句话能给大家一点安慰。

曦允老师的知心话

"这也会过去的。"

我想对正在经受着子女重度"中二病"折磨的父母说，请把这句话铭记在心吧！除了极少数人长期沉溺在"中二病"里，绝大多数孩子在一两年内就会度过这段时期。就像看似没完没了的梅雨季忽然就结束了一样，和青春期的孩子们斗智斗勇的家长们，也会在某一天忽然发现，这团乌云居然在不知不觉中飘走了，温暖的阳光重新照亮了天地。

第 7 课

问题儿童背后是问题父母

几年前我看过一部电视剧叫《学校 2013》。这部剧反映的是聘任制教师艰难的学校生活，跟我当时的情形很相似，所以我看得特别认真，也深有感触。剧中有一个人物深深地刺痛了我的心。他叫吴正浩，是一个恶行累累的不良少年。他欺负同学，抢同学的钱，打人骂人，旷课逃学……令老师们头疼不已。有一次，班主任老师发现正浩好几天没来上学，赶紧去家访，想知道正浩逃学的原因。可是一连到他家去了几回，别说孩子，连父母都没见到。最后好不容易见到了醉醺醺的父亲，从他对妻离子散的抱怨中才知道，正浩一家早已四分五裂。母亲和哥哥受不了父亲的暴力离开了家，正浩也在父亲的暴力下伤痕累累，终于离家出走，好多天没回来了。这个出生以来从未受到家人疼爱的孩子，最终没能完成高中学业，中途辍学了，同时也从电视剧里退场了。

直到后来我听到更多类似的故事之后，才理解了正浩的一些举动和他所说的话。有一个场面我至今记忆犹新：放学以后，语文老师把正浩留在教室里，让他完成写诗的作业。正浩流露出不满的表情，咬牙切齿地在纸上写了一句话，然后起身头也不回地走了。

"写了诗会有什么不同吗？"

正浩清楚地知道，写诗之类的事无法解决他的家庭悲剧，也没有任何人能帮到他——这真是一件令人心痛的事。

虽然不是所有残缺家庭的子女都会成为问题儿童，但如果家庭有问题，青春期的孩子心无所依，胡作非为的概率是很大的。

另外，父母们也不能因为孩子重要，就忽略了自己的人生和幸福。现实中确实有不少夫妻在万般无奈之下选择分开，也有一些夫妻，彼此之间已经闹得很僵了，但为了孩子强忍着维持夫妻关系。父母们以为这样做是为了孩子好，其实反而会对孩子产生更不好的影响。父亲母亲都是孩子最爱的人，父母吵架会给孩子带来巨大的恐惧和压力，所以父母尽量不要在孩子面前吵架。夫妻之间的问题可以通过持续的对话或心理咨询来解决。

努力建立和睦的家庭关系是父母们的重要责任，遇到了确实无法解决的问题不得不分手时，也应该尽量不伤害孩子，站在孩子的立场上去处理夫妻之间的纠纷，更多地理解和照顾孩子的感受。最重要的是,即使彼此之间的"夫妻"缘分结束了,但自己作为"父母"的身份完全没有改变,抚养和教育子女的职责必须坚定地履行下去。

"张老师,问题儿童背后真的是一对问题父母。"哲洙的妈妈对我说这句话的时候泣不成声。

从教多年来,我遇到过很多问题学生,但哲洙是我见过的情况最糟糕的一个。距离高考还有一个月的时候,哲洙和妈妈吵了一架,竟然离家出走了!真是个让人心焦的家伙。

哲洙从小读了很多书,理解能力很强,知识面也很广,是个好学生,但他有一个非常致命的缺点,就是经常辱骂母亲。哲洙的妈妈是一位家庭主妇,每天全心全意地照顾着一家人的饮食起居,其实是非常辛苦的。但是哲洙看不到妈妈的辛苦,他肆无忌惮地把"妈妈命真好"[①]之类的话挂在嘴上,甚至打游戏打输了,心情不爽,也会对妈妈破口大骂。可是对于哲洙,父母却付出了全部。他们从小对他无微不至地照顾,为了让他能考上好的高中,不惜花钱送他参加课外辅导。令父母没有想到的是,从高中开始,他的青春期逆反越来越严重了。

哲洙的爸爸听说了他的种种劣迹之后,非常生气,用棍子狠狠地教训了他一顿。然而爸爸的体罚不但没有起到惩戒作用,反而更加刺激了哲洙。他趁爸爸不在家的时候,对妈妈恶语相

---

① 韩语中的"命真好"有"待在家里的女人最幸福"的意思,虽无明显恶意,但如果是孩子对自己的母亲说这样的话,是很没有礼貌的。

加,变本加厉地拿妈妈撒气。这让疼他爱他的妈妈伤心透顶,而且对哲洙产生了严重的恐惧,不知道该怎么办才好。

经过一番深入的交流,我终于明白哲洙妈妈为什么会说"问题儿童背后真的是一对问题父母"了——哲洙问题行为的源头是妈妈的溺爱和纵容。哲洙是家里的第一个孩子,从小体弱多病,妈妈全身心地爱他、照顾他,这也让哲洙把妈妈的爱和照顾当成了理所当然的。在学习上,妈妈更是对他百依百顺,从来没有拒绝过他学习方面的请求,哪怕需要花不少钱也都满足了他。可谁知他却渐渐厌倦了学习。初中二年级时,哲洙第一次开口骂了他的妈妈,妈妈非常震惊,也很伤心,但她并没有批评他,反而安慰他说:"好吧,妈妈知道你学习辛苦,压力很大,如果拿妈妈撒气能让你释放压力,妈妈没问题。"第一次就以这样的方式过去了。从那以后,妈妈就成了哲洙眼里食物链最底端的生物,而哲洙也慢慢变成了一个丧失人伦道德的混蛋。

母亲错误的心态和错误的教育方法,让这个家庭的大人和孩子都在"变质、腐烂、化脓"。如果哲洙的母亲不是两眼只盯着学习,一味委曲求全,而是在孩子出现问题行为时予以批评和纠正,想必他们之间的关系也不会变成现在的样子。无论是父母还是孩子,都必须遵守基本的人伦道德,这是家庭教育中最为重要的内容,其优先级别应该远远高于学习。

孩子的问题就是父母的问题,哪怕只是很小的习惯,也无一不是受父母的影响而形成的。如果孩子偏食,只需要看看父母的饮食习惯就知道了。有一位母亲曾经向我诉苦："都说青花鱼含有丰富的 DHA，能让孩子变聪明，我喂给他，可他不肯吃啊！"于是我问她一周做几次青花鱼，她支支吾吾地回答："做鱼会弄得满手腥味，所以不经常做。"听了她的回答，我很想说，再好的东西也是吃过的人才可能爱吃啊！我担心这句话会让她感到不好意思，就忍住没说。

孩子问题行为背后的原因无须到远处寻找，父母在帮助孩子纠正问题行为之前，要首先看看自己有没有这样的问题，只有这样，才能准确找到孩子身上问题的症结所在，才能有的放矢地帮助孩子改正。

曦允老师的知心话

您希望以后子女们孝顺吗？

您只要首先孝顺自己的父母就可以了。如果父母把孩子置于自己的父母之上，孩子长大了，也会把他自己的孩子放在父母之上。

父母不要一味在培养孩子上下功夫，要首先努力让自己成为一个好人——孩子既是父母的缩小版，也是父母的未来。

第8课

是青春期，还是抑郁症

最近一段时间，自残和自杀已经成了各类学校的热点话题。一旦发生自残或自杀事件，不仅当事学校的教育问题，就连该区域的其他社会问题也都会被扩大。各单位和学校都高度重视对问题学生的管理，教育厅也频繁地对负责人和管理者进行相关内容的培训。

根据2016年的统计，韩国9～24岁之间儿童和年轻人死亡原因排在第一位的是自杀。现在，自残和自杀已不再是特定群体的问题，而是泛社会问题，引起了社会各界的广泛关注，甚至有国民请愿要求阻止青少年自残。

青少年自残或自杀事件的爆发性增长，其原因一定是多方面的。我认为，其中很重要的一条是某些不良的社交网站对青少年产生了影响。据统计，越来越多的青少年在网络上描述自己痛苦的心情，通过Instagram和脸书等社交网站进行自我伤害认证；更有甚者，网站上还出现了只有经历过自残的人才能加入的贴吧，等等。这些网站和组织增强了青少年对自残的好奇心，形成了助长自残的氛围。

无良网站的助推，使自残和自杀事件也发生在与严重抑郁症无关的普通学生身上。其中不乏学习成绩很好的学生，因为无法缓解学业压力而选择自残。表面上看起来乐观开朗的学生，也可能因无法承受内心的孤独和忧郁而自残。所以，家长和老师们应该时刻关注孩子们的情绪变化。

统计显示，青少年的自残行为大多实施在手部，比如反复用刀划割手腕，或用锥子等利器刺伤手掌等。刚开始尝试自残的孩子们往往伤得较轻，位置也比较隐蔽，但随着时间的推移，他们对自己下手越来越狠，也越来越果断，惨烈程度令人咋舌。我还曾经在社交网站上看到过自残到锁骨附近的认证照。

青少年们之所以对自己的伤害程度不断加深，是因为自残就像吸毒一样会上瘾。自残的人一边向别人展示自己的痛苦，一边又把自残当作助力自己挺过难关的一种炫耀。这种复杂而又矛盾的情绪体验，会给人带来一种奇妙的快感，一旦开始尝试，就会一直深陷进去。

心理咨询师和精神科专家表示，他们很难一齐发声阻止自残，因为专家们的倡议，反而有可能引发青少年更加强烈的好奇心。相比之下，更好的做法是持续关注自残青少年的内心情感，理解他们的痛苦，引导他们通过语言、文字、音乐、美术、戏剧等手段，把内心的情绪表达出来，而不是自我伤害。

回想起来，大学时期我也曾有过一段自残的经历。那时候，我一有压力就会在耳朵上打耳洞。每次打了耳洞之后，我都会感到刺骨的疼痛，在一段时间里，我会一直关注这种疼痛，对其他事情的感觉就会变得迟钝，这让我觉得心里得到了安慰。我是家里的老大，从小就不习惯在弟弟妹妹面前表达自己的想法和情感。进入大学之后，我感觉自己到了一个激烈竞争的环境中，巨大的压力不知如何排解，最终选择了以打耳洞的方式作为出口。我的这段经历也验证了"自残会上瘾"的说法，现在我的耳朵上有9个耳洞。

选择自残的孩子，大多数像过去的我一样，不善于吐露心事，而且，很多时候他们也不知道自己有多么可爱、多么受欢迎。如果你周围也有这样的青少年，请告诉他们："你完全可以表露自己的心声，因为你是非常可爱、非常受欢迎的孩子。"

与自残一样，自杀也是当今社会的一大问题。近年来，青少年自杀率急剧升高，不亚于成年人的自杀率。急性压力障碍和慢性抑郁症都有可能导致自杀。

急性压力障碍是指亲历或目睹外部伤害事件后出现的不适应的症状，是一种焦虑症。遭到过孤立、暴力等特定事件的孩子，内心会产生巨大的负罪感和绝望感，会出现"自己的生活已经结束"的错误想法。极度的忧闷和不安，会让他们觉得除了自杀别无选择。急性压力障碍通常在遭遇了难以预料的事故之后出现，因此需要周围人共同合作，帮助患者治愈创伤。

虽然突发的焦虑症会导致自杀，但绝大多数自杀事件的罪魁祸首还是慢性抑郁症。谈到青少年抑郁症，总会有人反问一句："花一样的年纪，怎么会得抑郁症呢？"

情绪多变、阴晴不定的青少年很少表现出单相的抑郁症，他们患的通常是双相抑郁症，也就是躁郁症[①]——心情好一点就心花怒放手舞足蹈，坏一点就如坠深渊万念俱灰。如果有青少年在睡眠、饮食、与人对视、人际关系等方面出现困难，就需要老师和家长们留心观察他们的日常行为，他们当中的很多人内心都隐藏着深深的忧郁感。

由于发病年龄段和症状上的特殊性，青少年抑郁症具有极强的隐蔽性，不容易被发现，常常被误认为青春期的情绪波动，但这种病症与纯粹的青春期情绪波动不同，往往伴随着持续的情绪悲伤，以及浑身乏力、腹痛、头痛、失眠等身体上的不适。

青少年抑郁症的治疗过程分为三个阶段，其中最重要的是第一阶段：咨询及检查。应该先通过心理咨询，判断孩子是否需要接受专业治疗，然后通过检查，确认孩子的现状。一般来说，严重的抑郁症会对智力产生影响。反过来，如果孩子智力有问题，接受检查的时候，有必要同步确认一下情绪方面的

---

① 在医学上通常被称为双向情感障碍。——编者注

状况。

第二阶段：进行药物治疗。如果确诊为青少年抑郁症，仅靠心理咨询是不够的，需要服用药物镇静，同时调理激素水平。青少年抑郁症要根据患者的症状有针对性地给药，所以即便治疗已经开始，也还要花一些时间继续确认患者的症状。

第三阶段：家庭成员接受心理咨询。青少年抑郁症通常源于不良的家庭环境，基于此，有必要对家庭成员特别是父母亲进行心理辅导，帮助他们解决家庭中存在的一些问题。家庭环境的改善有助于患者的治疗。青少年患上抑郁症，往往是多种因素相互作用的结果，需要动用多方面的手段和资源协同治疗，应该说是有一定难度的，并不是说一说那么简单。

在班主任工作中，我觉得最大的困难是孩子情绪有问题，但父母不予配合。如果教师或周围其他人比父母更早发现孩子的情绪问题，父母最好承认这一点，并尽快带孩子到专业机构接受检查。有些父母可能担心自家的问题会通过孩子暴露出来，选择隐瞒或者撒谎，这是非常错误的。帮助孩子克服抑郁症，需要所有家庭成员的共同努力。

曦允老师的知心话

有学者认为自残或自杀同属一个范畴，但我认为自残和自杀是本质不同的行为：自残的人将自己的痛苦展示给别人看，其目的是获得快感；而自杀则是失去了生活下去的欲望，选择放弃生命。一般来说,自残的人很少会自杀。

如果被确诊为青少年抑郁症,要积极接受药物治疗。需要注意的是,这种病的治疗周期较长,不会立刻好转。在用药过程中,孩子的状态会忽好忽坏,出现反复。因此,父母们千万不要以为有专门的医生进行治疗,自己就可以放手不管了。父母们也要在日常生活中持续观察,及时发现孩子的变化,做好记录。另外,很重要的一点就是,父母们一定要按时带孩子到医生那里接受治疗和咨询。

#内心探访①

曦允老师提问，多英回答

#恋爱 #梦想 #"中二病" #父母 #问题 #大人们 #伤痛 #抱怨

朴多英：大家好，读者们好！我是曦允老师的女儿中最可爱的那个，我叫朴多英。

曦允老师：是的。可爱的女儿朴多英，现在开始接受我们的内心探访吧！你对青少年时期的恋爱怎么看？

朴多英：这是一个离我很远的问题哦，（笑）我觉得只要"不过线"就没关系。

曦允老师：对于青少年恋爱来说，你觉得这个"线"是指什么呢？

朴多英：青少年的话，我觉得牵手的程度是合适的。性骚扰一样的语言挑逗和过度的身体接触都不太好，谈恋爱还是应该尊重对方。

曦允老师：我们的多英追求只牵手的健康恋爱，你想得很对！你有羡慕的人吗？

朴多英：羡慕的人啊……我想到了两个答案，一个是原三星公司的李健熙会长，我羡慕他有钱；一个是和我一起即将上艺高的同学们。

曦允老师：嗯？为什么会羡慕同学们呢？你也被艺高录取了呀！

朴多英：是的，我也考上了文艺创作系，但是我对自己今后特别想做什么、必须做什么，都还没有想好，所以对读艺高还没有强烈的热情。但是其他同学就不是这样，他们已经在热情满满地规划自己的未来了——"我要专攻诗词创作""我想读编剧专业，所以将来我要考某某大学"，等等。可是我对未来还没有具体的规划，也还没有十分恳切的愿望，所以我很羡慕他们。

曦允老师：嗯，不要着急，你也可以静下来慢慢想想，弄清楚自己真正想成为什么样的人，然后具体考虑学什么专业，去哪所大学。你可以创作戏剧或者电视剧，让你最喜欢的姜丹尼尔来演男主角就可以了（笑）。

朴多英：（笑）我也想这么做！说实话，我想做的太多了，不知道到底选哪一个。

曦允老师：啊，原来你是羡慕有梦想或者已经定下目标的同学啊！

朴多英：是的，没错！

曦允老师：你一定也可以的！接下来的这个问题，是向在场所有朋友提的——大家都回想一下，你出现"中二病"是在什么时候？

朴多英：我好像就是去年，上初二的时候。从去年开始，我觉得我的感受变得丰富起来，也就是从那时起我开始写作的。人们都觉得"中二病"很不好，但我"中二病"时期敏锐的感受力帮助我发现了自己的特长，反而是好事。当然，我也有"中二病"患者特有的虚荣啊，浮夸啊，也和妈妈闹矛盾。

曦允老师：哇，这真是对"中二病"的新看法啊！你刚刚提到"也和妈妈闹矛盾"，在这里你有什么话想对妈妈说吗？

朴多英：嗯……妈妈，我爱你，谢谢你，对不起！这样的话虽然很老套，但我觉得没有比这些话更能表达我此刻的真心的了。啊，好像眼泪要出来了……

曦允老师：（拍拍多英）我知道你很感激妈妈，也非常爱她，但你为什么会觉得对不起妈妈呢？

朴多英：我得"中二病"的那段时间，也是有很多问题的，让妈妈很操心，我觉得很对不起妈妈。即便抛开"中二病"不说，这十几年来，妈妈为了养育我也付出了很多，吃了很多很多苦。

曦允老师：哦，原来是这样。你能这样想真是难能可贵啊！多英，你有没有从长辈那里听到过什么伤人的话？

朴多英：嗯，最近是有的。我通过了艺高的考试，觉得很自豪，但是有长辈和我说："去那儿干啥？学那些东西有啥用……"听到这些话，我虽然没有表现出不开心，但心里受到了不小的伤害和冲击。他们是想告诉我"考个好大学才是最重要的"，我知道他们是为我好，但是话说得太武断、太直白了，有点伤人。

曦允老师：长辈们说的虽然是很现实的问题，但他们好像不太理解我们多英的心。同样作为大人，老师也感到很抱歉……接下来是我们的最后一个问题：你想对我们这本书的读者们说点什么吗？也许不少家有青春期子女的父母会读这本书。

朴多英：我想说，处于青春期的孩子们会说不该说的话，做不该做的事，但我觉得我们并不是真心要干这些坏事，只是在幼稚地撒娇耍赖。希望父母和其他家人们能更多地了解我们、接受我们。面对我们这些不成熟的行为，希望大人们不要感到太受伤。

孩子们太让我生气了。

第二章

一边教训孩子，一边看孩子眼色

[行为指导篇]

第 9 课

父母和孩子之间也需要"推拉策略"

之前有很长一段时间，我经常做肌肉运动和有氧运动交替的循环式运动。虽然我并没有长期运动健身的想法，但是因为喜欢健身房的女老板，就一直坚持去健身。这位老板自己通过循环式运动恢复了健康，之后成了循环式运动的传播者。虽然她已年过七十，但给人的感觉很年轻，她豪爽利落的女强人气质，让我很受触动，真希望我上了年纪以后，也能成为那样的人。

我经常和她一起喝茶、聊天。有一次，我们聊到了人与人之间的关系。那时候，由于我受着"乙方思维"的束缚，感觉总是被"甲方思维"的霸道所折磨。这一番探讨临近结束的时候，她说："曦允老师啊，人际关系就像慢四步舞，一个人前进，另一个人就后退。即使是'甲方'和'乙方'之间，'乙方'也没有必要对'甲方'无条件示弱啊！"

她的这番话给了我很大启发：是啊，人与人之间，虽然难免会形成"甲方"和"乙方"的关系，但"乙方"确实没有必要无条件示弱。真的是这样。善良的人可能总是把自己看得太低，但如果一个人过于低姿态，人们往往不会只把他看作"好人"，而是拿他当"冤大头"。所以，即使自己的处境有点窘迫，也要堂堂正正地站出来面对，这样，对方的气势反而会弱下去。人与人之间确实存在着"你进我退，我进你退"的规律。深入分析"进"和"退"之间的转换技巧后，我总结出了生活中一些"推拉"的策略。我认为，"推拉策略"是所有关系形成的基础。

父母和子女之间也是如此。特别是青春期父母和子女之间，子女跃升为"甲方"，父母则沦为"乙方"，这样的情况很多。这是为什么呢——明明父母还在为子女提供经济支持，没有父母的同意，子女能做的事情也并不多呀！

——就是因为"乙方"的姿态太低了。子女进入青春期后，父母感觉遇到了很大的困境：孩子不听父母的话，对父母的要求却层出不穷。父母虽然心里不愿意，但倘若真的置之不理，又觉得自己没有尽到父母的责任，因此马上就心软了。父母勉为其难地把该做的都做了，可子女呢，不但不感激父母，反而以更加自私的态度向父母的"领地"推进。这些以青春期为挡箭牌肆意妄为的家伙们，到底该怎么教，真让人摸不着头脑啊！

有青春期子女的家庭，父母大多面临着相同的苦恼，究其原因还是"推拉策略"出现了问题。父母要清晰地认识到自己才是"甲方"。要想防止家里发生"鹊巢鸠占""喧宾夺主"的状况，纠正孩子们"反乙为甲"的错误态度，父母需要掌握正确的"推拉策略"。

父母与青春期子女之间的"推拉策略"应该遵循一定的法则。

父母与青春期子女"推拉策略"的第一点：不把精力的焦点集中在子女身上。当父母把自己精力的焦点集中在子女身上时，子女就会认为这是理所当然的，就会把自己放在"甲方"的位置上。例如，为了按时从补习班接孩子回家，父母不惜在车里坐着等到凌晨；因为怕打扰孩子学习，父母连电视都不敢看……当父母为了子女放弃了自己的生活时，"推拉策略"就会归于失败。

"关心子女"和"一切以子女为中心"有着很大区别。父母在意子女的意愿是"关心"；孩子没说想要，父母自己察言观色满足孩子，是"奉献"。

如果确实需要什么东西，子女一般会直接跟父母提出。父母可以答应子女的请求，但没有必要全部答应。父母也应该让子女知道，有些要求父母是可以拒绝的，世界上不可能任何事情都是"OK"的。那些从未被父母拒绝过的孩子，在遭到外界拒绝的时候，可能会立刻崩溃。所以，父母有必要通过适当的拒绝，让子女认识到这个世界上并非一切诉求都能得到满足。

父母与青春期子女"推拉策略"的第二点："交易"要遵守规则。父母会经常跟子女做一些"交易"，比如，根据是否按时回家、成绩提高的幅度等，决定给孩子多少零花钱，或是能不能给孩子换一部手机。但是有些父母执行"交易"的时候往往忽略了规则，即使子女没有遵守诺言，也慷慨地给予了奖励。这就像推销员还没营业呢，顾客就先自觉自动地买了东西，成了推销员眼中的"冤大头"。这样的"交易"，只会让孩子们觉得父母好说话，没有原则，甚至觉得父母好欺负。

因此，如果孩子不能遵守诺言，父母最好也不要给予奖励。孩子真心想要实现某个心愿的话，就必须遵守诺言，做不到就得不到。

在"零花钱协商"等方面，这条法则很实用。与其无条件答应孩子的要求，不如以协商的方式，要求子女以有价值的行为作为条件来交换。另外，引导孩子自己提出条件，父母接受其中一部分也是一种不错的方法。在这一过程中，父母和子女之间的"推拉策略"应该有技巧地实施。

不要以为协商只是亲子之间的一种"交易"，其实这些协商是非常重要的教育内容。现代社会中存在着各种各样的利害关系，如果一个人青少年时期在家庭中受到了关于"协商"的教育，那么今后在其他利害关系中，他也能与他人建立圆满的关系，并从中获得属于自己的正当利益，进而成长为一个聪明但不失善良的大人。

父母与青春期子女"推拉策略"的第三点：有节奏地进行"推拉"。很多母亲常犯的错误是不断地要求孩子"强""更强""最强"，这种做法显然是错误的。我们从欣赏一段优美乐曲的体验中，就会明白这一点——

一首美妙的曲子，通常从轻柔舒缓的旋律开始，高潮时情绪澎湃激昂，到最后又以袅袅的余韵结束。音乐曲调的这种节奏感，也适用于父母对待孩子。

如果父母不停地用"该学习了""快去补习班吧""赶紧做作业吧"等语言，拼命地"命令""要求""强迫"，孩子就没有时间去体会父母这些要求背后的良苦用心了。就像情绪激昂的音乐容易让人疲劳一样，孩子只会对父母的催促感到厌烦和疲劳。如果父母能够在两次态度强烈的"要求"之间，加入平等的协商、热情的鼓励、由衷的赞美等，向孩子表达自己的关注和爱，保持"强—弱—中—强—弱"的"推拉"节奏，会有助于形成更加和谐的亲子关系。

从某种角度来说，亲子关系和男女关系有着很大的相似之处。假定男女之间爱的总量是100，我们有理由相信，世界上没有以50∶50对等相爱的情侣，一定是爱得更多的那个人成为偏弱势的"乙方"。

我想对天生就是"乙方"的父母们说，正确的"推拉策略"，可以让父母们成为堂堂正正的"乙方"，这是不与青春期子女为敌、和平共处的一大秘诀。

曦允老师的知心话

年轻教师大部分跟学生很合得来，但如果一味地对学生好，就会成为学生眼中的"老实人"，反过来，如果非常严格地教育学生，又有可能被他们视为"老古董"。所以，在和学生的相处中，适当的收紧和适度的放松，是有效对付青春期少年的"推拉策略"。

在事业上"推拉"失败会蒙受损失，在恋爱中"推拉"失败会破坏恋人关系，如果家有青春期子女，请父母们既不要离得太远，也不要靠得太近。如果能够与子女保持既不缺也不滥的平衡有度的关系，就可以帮助他们安然度过隧道一般悠长黑暗的青春期，让子女成为自己人生中的好朋友。

第 10 课

及时读懂孩子发出的信号

人类在交流时使用的信息有三种类型：第一种是语言信息，第二种是非语言信息，第三种是准语言信息。

语言信息是指以词汇或句子等形式传达的信息，也就是说，听话人掌握语言信息主要是要弄清楚说话人在说什么内容。

与之相对的非语言信息包括说话时的手势、表情，甚至当时的穿着等。很多时候，非语言信息传达出来的才是对方真正的意图，其真实性和重要性会超过语言信息。比如我们听到了肯定的回答"嗯"，但说话人的表情透露着不情愿，我们也能感知到对方是不情愿的状态。这时候，非语言信息透露出来的才是说话人真实的想法。

最后是准语言信息。准语言信息是伴随着语言信息同步展现出来的，包括语速、语调、重音、音量等。准语言信息有助于强调语言信息。

青春期的孩子们在同时使用这些信息时，会表现出两面性。如果语言信息是正面的，表情或语气却是负面的，其内心的声音很有可能是"No"。所以，父母们想要确认孩子是否进入了青春期，首先要细心感受孩子说话时的语气，注意孩子的表情、声音、语调等。

"儿子，过来，我们谈谈！"

"我和妈妈无话可说。"

如果父母与子女之间形成了这样的对话模式，就可以认为青春期已经开始。一向积极开朗的孩子，说话变成了冷嘲热讽的语气，父母就有必要细心观察子女的行为了。首先要确认一下子女是否处于一个压力很大的环境，以及自己是否说过伤害子女的话。

"妈妈什么都不知道！"使用这样冷冰冰的语气说话或许是出于反抗心理，但也可能出于想自我保护的防御心理。我也说过这样的话。高一时，数学突然变得很难，我每天不得不花很多时间奋战数学题。妈妈担心我的成绩，也担心我的身体，把我送到了一个开业不久的所谓精英补习班。上了几次课之后，我觉得补习班的老师有点奇怪。又过了一段时间，我才明白他的行为就是性骚扰。

那时候是夏天，我穿着短裤去补习班。有一天，不知怎么回事，我短裤的拉链降到了中间。补习班的老师看着我的拉链露出了一种非常恶心的笑，还开了让我很难堪的玩笑。那次之后，他经常趁着讲题的机会，摸我的肩膀或膝盖。我实在太讨厌这种触摸了，见到他心里就别扭。于是，我不想去补习班了，但又不忍心跟妈妈说。

因为我觉得妈妈会说："是你穿衣服太邋遢了，拉链掉下来都不知道，所以老师才会那么说吧？"妈妈也可能会斥责我："我花了那么贵的学费送你去补习班，学习上你不用心，心思都用在琢磨那些奇怪的事情上了！"我不想听妈妈说这样的话，就只是告诉她，我不去补习班了，并没有说明真实的原因。果然，妈妈朝我大喊："不去补习班，你要怎么学数学？"直到最后，我也没说到底是为什么，只是喊叫着说："我就是不去！"

由于我态度坚决，最终我没有再去过补习班。当时我觉得妈妈不懂我的心，说的话太无情了，但另一方面，我内心中又期待着妈妈能耐心一点，详细地向我问明原因。

如果有孩子像过去的我一样，说出"妈妈什么都不知道"的话，请家长一定不要以为孩子单纯在反抗，一定要耐心地倾听孩子的心里话，这样才能真正了解孩子说这句话背后的原因是什么。

英浩一向是个听话懂事的孩子，老师和家长都很喜欢他。可是有一天，他突然过来跟我说："以后我不打算再努力了！"说完就离开了办公室。刚开始我还以为他只是抱怨一下，但看着他越来越频繁地迟到，脸上的表情也越来越阴沉，我猜他大概是遇到了什么事。

我后来才了解到，英浩变得意志消沉，失去斗志，是因为他学生会面试失败了。为了面试能够取得好成绩，英浩准备得非常认真，可是他准备的面试问题一道也没出，出的都是对他来说很难的题目，他回答得不好，所以落选了。偏偏他的好朋友们好像没费什么力气，就被学生会录取了，他又羡慕又气恼，遭受到很大的挫败。

一想到英浩是第一次经历这样的失败，他心里一定非常难过，我的心也跟着酸酸的。有一天，我把他叫到办公室，告诉他学生会干部落选没关系，只要成为班级干部，也可以作为班级代表参与学生会工作。由于我理解并抚慰了他受伤的心，他很快变得开朗起来，又重新找回了干劲。

如果察觉到孩子说话特别别扭，家长们不要只是生气，应该尽快了解孩子这些话背后的真实想法是什么。青春期的孩子们喜欢使用"我不知道"说话法，也爱用"金金知语气"表达感情。

这里所说的"我不知道"说话法，是指心里有想法不直接说，而是采用一种迂回的方式说出来，"我不知道"就是一个典型的例子。他们口中的"我不知道"，可能不是真的不知道。他们通常说话很直接，但是到了真正重要的时刻，很多人又含蓄地表达自己的想法。这是因为青少年很在意"别人会怎么看我"，担心自己的行为会暴露真心。因此，父母们应该通过青春期孩子的语气，来判断孩子的话是否出于真心，是否可信。

最近，我就学生会干部选举的问题，和几个在学生会工作的学生进行了沟通，他们这种隐晦的说话方式让我深有感触。我问他们是否有意竞选学生会主席，其中一名学生不置可否地反复说："我不知道。"我以为他的意思是拒绝参加。

过了几天我发现，这名学生向朋友们表明了要参选的意向。我很好奇，这家伙内心的真实想法到底是什么呢？经过了解我才知道，原来学生会主席的竞选规则是要求两位同学结成对子，共同成为候选人，分别参选主席和副主席。但是，这名学生和他的搭档在"谁当主席"的问题上没有达成一致，两个人都想当主席，谁也不肯让步，导致"联盟"解体。他一时找不到合适的同学再次组队，说"我不知道"的时候，正处在这个阶段。后来他终于找到了适合做副主席的人选，才对朋友们公开了自己的出战计划。

这件事让我对青春期孩子表达上的这一特点有了更深的实感。同样的事情如果放在大人身上，他们一般会向负责人说明这种情况，但青春期孩子在事情确定以前，很有可能不愿意暴露自己的意见，或者不愿意向负责人说明情况，只说"我不知道""我还没决定"等。可见，孩子们口中的"我不知道"，可能只是个含蓄的肯定。如果单纯通过语气来判断他们的想法，就可能会遇到意想不到的困难。

对于"金金知语气"，我想也有必要做一点解释。20世纪20年代有一部短篇小说叫《好运的一天》，主人公金金知是典型的外冷内热型性格（表面上冷冰冰，内心却充满爱和关怀）。他爱妻子比任何人都深，嘴上却一点也不会表达关心，成天嘟嘟囔囔，语言粗鲁，这就是"金金知语气"的特点。

青春期孩子们说话的方式和金金知非常相似。朋友之间关系越亲近，越爱用粗话表达感情；父母要是对他们说点关心和疼爱的话，他们反倒会害羞。

当我认真地对孩子们说"你们付出了许多努力，做得很好"时，大多数孩子的脸上都流露出尴尬或者不好意思的表情，好像在说："老师，你说这些干吗啊？"但是他们转过身去，就会露出灿烂的笑容。所以，如果老师或者父母发现孩子在受到表扬时，脸上是一副不在乎、不耐烦的表情，千万不要以为他们不喜欢表扬，那就大错特错了。

青春期的孩子也还是孩子，他们明明很喜欢父母的爱意表达和热情称赞，却非要装酷耍帅，装出一副漫不经心的样子。因为他们觉得那样更像个大人。所以，即使孩子表面上别别扭扭不肯配合，父母也应该经常对他们说"爸爸妈妈爱你"，并且多安排一些共度亲子时光的机会。

曦允老师的知心话

对于青春期的孩子迂回的说话方式和不时冒出的"金金知语气"，您会感到不快吗？家长们应该对孩子说话的语气加以引导，但更重要的是，需要努力读懂孩子话语背后的信息，弄清楚孩子的真实想法。

  青春期的孩子们认为"酷"很有魅力,所以他们喜欢不附加任何条件、爽快的老师和父母。但从现实来看,爽快地满足孩子们的要求是很难的,而且有一定的风险。所以父母与其追求在孩子心目中酷酷的形象,不如细心地了解孩子真正的需求,有所选择地予以满足。显然,读懂孩子的心比单纯满足他们的愿望更酷,孩子们一定能由此感受到父母深深的爱。

第 11 课

孩子愿意跟随"点头型父母"

我还记得几年前的冬天,我当补习班老师时发生的一件事。有一天大清早,一位当老师的朋友打来电话,劈头就问我吃饭了没有。我赶紧问他:"这么突然是有什么事吗?"他说自己得了流感,需要有人替他给学生上课。她真是找对了人,我有教师资格证,有过教学的经历,这几天也恰好有时间,于是我就欣然答应了。

当时正好是空腹,我就直接去了专门进行"公务员录用体检"的医院,领取了所需的文件和表格,然后去朋友的学校提交了材料。教导主任说,代课工作从明天就开始。

当时是 12 月,学生期末考试已经结束,放假之前的这段时间,孩子们一般看看电影,打打球,参加一些体验型的学习等,都很悠闲。对我来说,在学校里教育学生是久违的事情了,我很兴奋,也很有热情,想尽力做好这几天的工作。但聪明的孩子们都知道，我是临时来代课的老师，只会在这所学校待一个星期，所以，孩子们似乎都跟我保持着一定的距离。

这一个星期我负责给学生们上语文课。每个周四是学校规定的"未来之日"。这一天，学校会从外面请讲师来给学生们讲授有关未来职业的知识。在这样的课堂上，本校教师要帮助讲师管理学生，以保证课程能够顺利进行。

我负责的是平时上课就不太认真的一班。这个班的学生们在之前的几天里都对我很亲切，所以我期待着他们的未来职业课也能好好上，但出乎意料的事情发生了。讲师讲课时，一班的孩子们态度很不积极，不是不认真听课，就是不参与活动，态度上很傲慢。我对孩子们的表现很失望，下课时冷冰冰地丢给他们一句："下节课见！"

第二天，我走进一班的教室，发现教室里静悄悄的，孩子们都屏着呼吸等待着。看得出来，他们的眼睛里充满了好奇——

"老师到底会发多大的火呢？"

"你只在我们学校待一周，发了火可怎么办呢？"

"你只管发火好了，反正我也无所谓！"

每个孩子的眼神中都透露着不同的信息：恐惧、不安、好奇、担心、厌恶……虽然他们的小脑瓜里各自旋转着不同的疑问，但大家都不约而同地等待着，想看我会有什么反应。看透了他们的心思，那一刻，我反而非常平静，慢慢地说道：

"同学们，老师对你们昨天的态度很失望啊！昨天的课程不会以分数的形式反映在大家的成绩册上，大家就觉得可以不当回事，但其实那位老师为了这节课能真正对大家有帮助，做了很多很多准备。可是你们不积极参与课堂活动，对知识表现得如此傲慢，你们觉得老师的心情会怎样？虽然你们现在是初二，但我不仅仅把你们看成初二的学生。过不了多长时间，你们就会成为准毕业年级的学生，然后告别初中生的身份，成为胸前别着"高"字徽章的高中生。你们将成为更多低年级学生的表率和榜样……咱们这次课上得很糟糕，但已经过去了，没有办法弥补了，大家愿意在下次有这样的课时，谦虚认真地学习吗？"

听到我平和而沉静的声音，孩子们的眼神逐渐变得惊慌、惊讶、兴趣盎然。我当时就意识到，老师在学生们面前恰当地控制情绪是多么重要的一件事。

孩子们全都以为我会大发脾气，甚至以为我会歇斯底里地朝他们怒吼一通，但我选择了克制而不是爆发，有理有据地说明了我作为老师愤怒的理由，以及我对他们的期待和爱。也许就是因为这一次的冲突与和解，我和一班孩子们的感情迅速拉近了，他们都对我非常友好，一直到我结束代课的那天。

"其实我当时特别担心老师会发火。"有学生这样笑着告诉我。

"下次我一定会好好听课的。"也有孩子这样反省自己。

代课结束之后，我就再没有见过这些孩子了，也不知道他们后来有没有按照承诺,好好上那些不登记成绩的课程。但我想,这件事一定会在孩子们心里埋下一颗"有力地掌控情绪"的种子。我也从中得到了一个重要的启发:从目标出发、克制情绪是非常有意义的事情。

孩子们遇到善于控制情绪的人,会觉得"原来大人们是这样的呀",他们会更清楚地认识到自己的错误。但他们可能会故意假装不明白自己错在哪里,以为诚实地承认错误就输了,以为家长们对"明知故犯"会更生气。所以青春期的孩子犯了错误之后,会暂时回避或者逃跑,以摆脱眼前的"危机"。即使明知道逃避解决不了问题,也还会认为暂时躲起来是最好的方法。

孩子之所以会选择逃避,很有可能是因为父母遇到事情常常勃然大怒。在与孩子交流的时候,父母们大致上有两种不同的反应,根据反应的不同,我将父母们分成了"点头型父母"和"勃然大怒型父母"。

"点头型父母"在与孩子交谈时,首先表现出接纳的态度,然后具体询问孩子的想法。有这样的父母,孩子可以毫无恐惧地说出自己的意见,只需要考虑如何表达能让父母更好地理解自己的意思。但是"勃然大怒型父母"就完全不同了,他们往往没等孩子把话说完,就开始大喊大叫,完全无视孩子的意见。遇到这样的情况,孩子会觉得与其被父母歇斯底里地斥责一顿,还不如不说。长此以往,孩子连跟父母交流的想法都没有了。

青春期的孩子情绪变化快，即使一天之中，也要在波涛荡漾的情感海洋中经历几番沉浮。他们会因为秋风吹着一片落叶滚动而咯咯地笑，也会因为一只小猫的死亡而呜呜地哭；刚才还和朋友吵得不可开交，此刻就已和好如初并肩而行了。试想一下，如果把大人们复杂多变的情绪一股脑儿倾泻在这个年龄段的孩子身上，会怎么样呢？想必孩子会被这一阵阵巨浪冲到很远的地方。

父母情绪变化无常，孩子就只能隐藏自己的感情，甚至在父母面前伪装自己。因为在孩子眼里，父母应对自己的情绪已经够惊心动魄、够心力交瘁的了，怎么会有精力关心孩子的感情呢？父母深陷自我情绪的泥潭难以自拔，当然无法看到孩子的表情，听不到孩子的心声，也无法了解孩子的真实想法。

相反，如果父母在孩子面前情绪总是非常稳定，孩子就会有机会表达出自己的感情和想法。父母理解并接受孩子那时那地表露出的真性情，孩子和父母就能自然而然地体验到感情共鸣和心灵相通的美好。这就是父母务必控制好自己情绪的根本原因——孩子愿意跟随"点头型父母"。

曦允老师的知心话 💬

当孩子产生"跟爸妈说了也没用"的想法时，他的内心一定非常沮丧。"你怎么这么说话呢？""正因为你这样，我才更加不同意！"这些否定的回答只会让孩子立刻闭嘴。

考试没考好，或者朋友关系出现问题时，最伤心的人不是父母，而是孩子。这时候，如果父母表现得很伤心，孩子就会被父母的负面情绪所笼罩。对于本来就没有足够能力控制好自己情绪的孩子来说，这是相当大的负担，所以他们自然会选择向父母隐瞒这些苦恼。

不想和孩子断绝情感上的联结，就请不要强迫孩子揣摩你的情绪。父母先给孩子面对内心情绪、自己收拾残局的机会，孩子就有时间体察父母的心情。当认为孩子不理解自己的心，表现得冷漠无情的时候，请回想一下过去的自己。孩子不理解父母的心是理所当然的，而经历过青春期的父母却很容易理解孩子。

父母不妨记住一句话："不要责怪小孩子，他走的就是你曾经走过的路。"

第 12 课

妈妈太反复无常了

我听过这么一个故事:有个人家的儿媳妇每天遇到大事小事,都会向婆婆征求意见。婆婆被问烦了,就训斥她:"你为什么不能自己看着办呢?"儿媳妇听了这话,遇到什么事都不问婆婆了,全部自己拿主意。结果婆婆又批评她:"你怎么事事都自作主张呢?为什么不问问长辈的意见?"

面对婆婆的指责,儿媳妇大概会气得跳起来吧?其实在很多家庭,孩子们也处于一样的处境,父母就像故事中的婆婆一样,经常毫无原则地训斥孩子。他们可能不知道,这样的父母会失去孩子的信任,而信任一旦失去,就很难恢复。可以说,失去孩子的信任,父母就无法对孩子进行任何教育了。因此,父母即便对孩子的行为不满意,想以训斥的方式来教育,也必须坚持一贯的标准,不能今天这么说,明天那么说,出尔反尔。

青春期的孩子常常觉得自己内心还不够强大,希望拥有踏踏实实的安全感,就像他们心灵依赖的对象——成年人那样。因此,在指导青春期的孩子时,既要遵守原则,又要有一定的灵活性。

很多父母不了解孩子的这一期待,生活中常常表现得非常"多变"。有一次,我抓住一个无缘无故跟老师激烈对抗的学生,准备请她妈妈到学校来。我问他:"你为什么要让妈妈这么操心呢,对妈妈有什么不满吗?"他冷笑着说:"妈妈太反复无常了!"

这个学生因为课外辅导的问题,和妈妈产生了严重的对立情绪。他成绩不好,妈妈非常担心,给他请了一位家教。这位家教人特别好,孩子渐渐和家教建立了信任,对学习也渐渐有了兴趣。可是妈妈觉得,花如此昂贵的辅导费,却没有太明显的效果,不值得。于是,妈妈想辞退家教,把他送到补习班去上课。可是,孩子不愿意跟家教分开,坚持继续让家教来教,并对妈妈的做法感到十分愤怒,指责妈妈"反复无常",让自己莫衷一是,对妈妈产生了强烈的抵触心理。类似的情况并不少见。很多父母做决定反复多变,对孩子的要求经常前后不一致,而且无法说服孩子。在经历了一次又一次的无奈之后,孩子的心也离父母越来越远。

原则性较差的父母常常即兴做出决定。他们很容易受那时那地情绪的驱使,头脑一热,听风就是雨,不经深刻的分析判断就做决定。这个妈妈的情况就是这样,她在跟其他妈妈聚会时，听说某某孩子成绩好，是因为请了家教，成绩提高得很快，就马上也给自家孩子请了家教。应该说，她的做法就属于心血来潮。

当父母像芦苇一样摇摆不定时，孩子就会对父母失去信任，而且觉得自己精神上无依无靠。他们在需要父母分担烦恼的重要时刻，会选择绕开父母，自己做出判断——因为他们觉得"说了也没用"，父母比他们还没有主见。

父母应该像根系坚实的松树一样坚定挺拔。在为有关孩子的问题做决策时，保持语言和行动的一贯性，让孩子明确地感受到家庭安全感。另外，当需要改变决定时，一定要先征求孩子的意见，让孩子明白改变的原因，达成共识之后再采取行动，千万不要在孩子不知情的情况下，就将"生米做成熟饭"。

我认为老师们在管理班级时也一样，坚守原则很重要。而且，那些原则也不要只由老师来定，应该由老师和学生们共同商议，达成一致意见，以此来规范学生们的行为。学生们通过班会，民主地决定班费、班规班纪等，经由这个过程诞生的规则，往往是孩子们形成的共识，是很有说服力的，能激励孩子们自觉努力遵守。

正如在学校里，学生要遵守学生准则一样，在家庭中，也有遵守家规的问题。比如，在孩子玩手机的问题上，如果家长已经跟孩子达成协议，规定好了时段、时长，以及其他附加条件和奖惩措施等，就应该引导孩子遵守规定，不再随意变动。

有些父母主张不给孩子玩手机，自己却每时每刻离不开手机。这种情况会遭到孩子的强烈反抗。他们会理直气壮地问，为什么家里只有他不能用手机？别的同学都有，为什么就他没有？当然，他们也很有可能偷偷玩父母的或者同学的。

为了防止不必要的家庭矛盾，建议全家人都要平等地遵守规定。比如，一家人协商好，晚上 11 点以后禁止使用手机，到了 11 点，所有人都将手机放在一起，不再使用，按时休息。如果不能做到全家人共同遵守规定，或者只是大人一味要求孩子，这样的规定就会毫无效力，反而更容易引发孩子的反抗，形成家庭矛盾。

另外，家庭的教育原则和理念，需要父亲和母亲达成一致。如果父母双方的教育理念存在差异，孩子的内心就会经历严重的混乱。

学生洙赫就经历了这样的混乱。他的妈妈主张，上了初中就得上补习班，特别是作为主要科目的英语和数学；爸爸却认为，只要孩子没有跟不上，就不用上补习班。

起初，洙赫跟爸爸说不上补习班，但看到妈妈焦虑的眼神，听说妈妈正费尽心思给他找补习班，他心里很内疚，就改口说"愿意去补习班"。而看到孩子毫无主见，在父母之间摇摆不定，父母又很生气。

在这个过程中，洙赫最初说的话应该是真心的，可当意识到上补习班的必要性时，他又认为妈妈的话也有道理，真是左右为难，最终站在了自己不太情愿的那一边。

孩子出现这种情况，主要原因在于父母。双亲教育观点不能达成共识，孩子必然会陷入矛盾。在众多的家庭问题中，父母态度变化无常、无端指责孩子是个大问题，父母之间教育理念存在矛盾，也是一个大问题。

曦允老师的知心话

作为老师，我认为教育学生的难点在于坚持原则。在没有原则或是原则动摇的情况下指导学生，难免导致不公平，甚至引发学生之间的歧视和冷暴力。孩子们不喜欢古板教条的老师，但非常信任坚守原则的老师。而对学生影响最坏的就是价值观不稳定、反复无常的老师。

在家庭中也是如此。父母坚持不同的观点，孩子就会不知道应该以哪一方的观点为标准采取行动，就会畏畏缩缩，不知所措。为了不让孩子因父母的矛盾而受苦，一定要贯彻始终如一的教育哲学。情绪化的父母，会让孩子在不知不觉中，成长为易受环境影响、无法坚守内心信念的人。

第 13 课

也可能不是不想学习

我们班有一个叫伊珍的孩子,每天上课都睡觉,刚叫醒不大一会儿又睡着了,谁看了都会觉得,这孩子的学习意愿相当低。

对于青春期的孩子们来说,厌倦学习、睡眠不足,或者身体疲劳,都有可能造成上课睡觉。仅凭上课睡觉这一条,不能认定是学习动机出了问题,很可能还有其他方面的原因。

孩子们进入青春期以后,如果一天到晚总在睡觉,迷迷糊糊没个清醒的时候,家长就应该考虑是不是患了"嗜睡症"。大家可能对这种病比较陌生,但其实有这种症状的青少年比想象的要多。"嗜睡症"是下丘脑中的某种神经细胞受损,一种叫作 Hypocretin(下丘脑分泌素)的物质减少导致发病的,因为这种物质的作用就是唤醒人。

看到学生不受控制地打瞌睡,老师不要不分青红皂白就批评，应该让学生去医院看看，是不是睡眠出了问题。如果无法忍受的困倦症状持续3个月以上，一定要去医院查查原因。孩子问题行为的背后肯定有其原因，从看得见的地方到看不见的地方，需要家长和老师全面细致的观察、分析和确认。

以前我教过一个攻击性很强的学生。一般情况下，他和朋友们都相处得很好，但如果发生争执，他就会不由自主地动手打人。他的行为引起了我的好奇。为了弄清背后的原因，我格外注意他，经常观察他。

我发现，这孩子情绪变化的幅度比常人大很多。他有时特别积极、开朗，让人喜欢，有时又特别忧郁、愤怒，令人担心。对他来说，与其用语言表达自己的愤怒，还不如用拳头。

经过一段时间的观察和总结，我把这些现象告诉了孩子的妈妈，建议她最好找一位专家咨询一下，这样能更有效地帮到孩子。果然，在专家的帮助下，孩子的问题很快得到了解决。他慢慢学会了用语言沟通，再也不跟同学们打架了。现在，他已经成了一个擅长调节情绪的人了。不管是老师还是家长，如果发现孩子的行为超出正常范围，就要及时帮助孩子，诊断原因，通过仔细观察和分析总结，初步判定是身体问题还是情绪问题。

每当看到孩子们出现了问题行为，我就会有一种当医生的感觉。首先判断当前症状（行为）是什么性质，然后寻找它的病根（原因），并不断思考解决问题的处方（解决方案）。青春期孩子的问题比想象的要复杂，很多时候，老师一个人很难解决，需要和父母、心理咨询师、医生等协同作战。

老师可能是最先发现并掌握孩子问题行为的人，但老师无法从根本上帮助孩子解决问题。作为孩子的监护人，父母首先不要害怕、回避、隐瞒孩子的问题，要积极利用各种资源为孩子提供帮助。

如果专家判定孩子需要治疗，父母千万不要耽搁。错过恰当的治疗时机，日后可能会引发更大的问题。父母一定要认识到，带孩子去医院接受心理治疗不是什么丢人的事，千万不要讳疾忌医。

曦允老师的知心话

俗话说："不入虎穴，焉得虎子。"要想了解孩子问题行为的原因，首先要细心观察孩子的行为。

这里所说的"细心观察"，不是让家长监视孩子的一举一动，而是说家长既要保持冷静的态度，又要用心地观察孩子，必要的时候寻找适当的时机介入。如果需要专家的帮助，应该积极联系班主任或心理咨询师。只要家长们伸出手来，专家们会随时准备帮助孩子。

第 14 课

青春期不是借口

最近几年，语言暴力也被视为校园暴力的一种，这一点与以往不同。其中，"拿父母开玩笑"和"开色情玩笑"这两种不文明的语言行为，杀伤力极大，甚至可能引发校园暴力事件。"拿父母开玩笑"对受害一方的孩子来说，是最致命、最具侮辱性的语言暴力；"开色情玩笑"则已经属于性骚扰范围。

有人认为这些话有可能只是口头禅，没必要小题大做，但我认为，一个人有这样的口头禅，并且已经成为习惯的话，他就很容易成为否定、贬低他人的人。生气的时候，攻击、诽谤对方的话就会脱口而出。如果孩子已经或正在养成出口成"脏"的坏习惯，家长千万不要抱着"脏话会自然消失"的想法而置若罔闻，必须持续对孩子进行语言净化教育。

我平时很喜欢收集各种故事，从中了解现象、分析原因，并尝试着解决问题。有一档叫《你好》的情感咨询节目，给了我很多启发。

节目中给我留下深刻印象的一个画面，是一位女子一边打扫屋子，一边骂她的母亲。她是一个 30 岁的待业青年，理想是成为一名社会福利工作者。令人无法理解的是，在外面看着正常的她，在家里简直就是一个暴君，每天一边打扫房间一边骂人，特别是经常骂她的母亲。搞一次卫生少则 3 小时，多则 6 小时，在这个过程中，她几乎不停地抱怨、发火，甚至叫骂。她用打扫卫生的方式，宣泄自己在外面受到的压力，这原本是个不错的选择，但她认为母亲就应该接受她所有的愤怒。看到她这副样子，节目现场的嘉宾们都很气愤，讲述这些伤心事的母亲也已经对她死心了。

我确信她的问题行为不是在 30 岁时首次出现的，很可能从青春期开始，她就产生了无法克制的烦躁。那时候，母亲可能也会认为她的行为有问题，但一想到"除了自己，还有谁会帮助女儿分担压力"，就心软了，一而再再而三地忍受着女儿投来的锋利的"匕首"。

青春期的孩子会因激素分泌不均衡，产生烦躁情绪。如果烦躁的原因是父母的频繁干涉，只要父母减少或停止干涉，孩子就会少一些烦躁，恢复平静。但如果没有明确的原因，就不能一味地选择默默承受，而应该把孩子的过度烦躁视为问题予以重视，说服他们通过与父母沟通或者心理咨询等方式，来解决问题。

然而实际情况大大出乎我的意料，很多父母选择了忍受青春期子女的粗话或辱骂，甚至还有父母忍受了子女的暴行。他们当中，有的人怕说出去丢脸，也有的人盼着"长大了就会好起来"。"长大了就会好起来"是不可能的，请父母一定要记住，这种做法无异于小病不治养成大病，是纵容孩子由"偷针"变成"偷金"，后果非常可怕。

孩子们进入青春期，第二次性征开始显现，快速的发育，使得他们的体能渐渐超过父母。这个时期的孩子们，如果以父母为攻击对象发泄情绪，即使长大成人了，也会理所当然地认为自己比父母强大。最糟糕的是，他们可能会变成无耻的人，想方设法夺走老年父母的财产。所以，对于子女在青春期表现出来的糟糕的人性，父母千万不要采取无视、沉默，甚至纵容的态度，一定要及时予以纠正。

有一回，学校里一名男生辱骂女生，造成了严重的语言暴力事件。老师把情况告知了加害者的家长，并表示有可能被提交到校暴委。谁知，那位家长立刻不高兴了，大声地嚷嚷："哎哟哟，真是的，太不像话了！"

在他的逻辑里，他的孩子还小，难免有说错话的时候，说错了道个歉、承认个错误就完了，没有什么大不了的。怎么会有女孩子拿这么点事情小题大做，还要闹到校暴委呢？听到他那句话，我感觉自己像受害者一样气愤。

当然，这位家长的话也不是全无道理的。青春期的孩子处于少年到成年的过渡期，犯了错误时，比起惩戒或处罚，我们更应该把重点放在教育学生改正错误上。但如果所犯的错误给他人造成了身体或精神上的伤害，对其进行严厉的惩罚也是非常必要的，这样才能对学生形成正面教育，警醒他们以后不再犯同样的错误。

严重侮辱女性的男生如果被放任不管，长大了就可能对女性怀有厌恶情绪；不经过大脑思考就发表种族歧视言论的学生，如果得不到及时的纠正、教育，长大了就可能是一个具有种族歧视观念的人。青春期的孩子们需要的是"自由"，而不是"纵容"。不计后果的纵容，会影响孩子们形成正确的价值观和判断力，最终使他们成为出言不逊、行为无状的人。

基于这样的原因，我认为纵容是另一种方式的虐待。孩子们犯错时，及时告诉他们错在哪里，如何做才是正确的，这是作为家长义不容辞的责任。

《德国妈妈的力量》一书的作者朴成淑（音译）曾经说过："德国的妈妈们认为没有眼力见儿、冒失的孩子，是只考虑自己、不懂得照顾别人的'不适应社会的儿童'。"德国家长会向子女们强调，要时刻关照他人，努力给予他人关怀和尊重。德国之所以被视为教育发达国家，原因由此可见一斑。家长们从孩子幼年起，就应对其进行尊重、关爱他人的教育，让这种意识从小就根植在孩子们的内心深处。

韩国的父母们也应该从现在开始，树立人格培养"从小开始"的观念,而不是守着"那个年龄段都那样"的旧思想不肯改变,不是吗?

曦允老师的知心话

近年来,越来越多的父母担心自己的孩子胆小、怯懦,即使孩子在公共场所吵闹不休,也不予以纠正。看到这种情景,我不禁感到惋惜和难过。每个人都与他人平等地生活在地球上,并不是任何时间和地点都可以随心所欲,想怎样就怎样的。如果一个人的行为伤害到别人,就更应该受到限制和约束。对于父母来说,提前告诉孩子哪些事情不应该做,是非常好的正面教育法。对于孩子们来说,一定要有调节自己欲望和情绪的能力。父母千万不要以"孩子还小"为由,就对他们的坏习惯采取默认或放任的态度,这是非常危险的。要尽早培养孩子正确、成熟的社会意识。父母忽视的那些细节所形成的坏习惯,极有可能伴随孩子的一生,使他成为让别人皱眉、侧目的不受欢迎的人。

第 15 课

为防偷针变偷金，爱子须多打一棍

有两则跟教育孩子有关的谚语——"爱孩子更要多打一棍""小时偷针，大了偷金"。我把这两则谚语结合在一起，说成："为防偷针变偷金，爱子须多打一棍。"

以前，人们生活在一个大家庭里，孩子们即使不去学校，不能接受老师的教育，整个大家庭也会自然地营造出一个可以教养孩子品德的生活环境。不光父母，祖父母甚至曾祖父母，也一起负责孩子们的品德教育；兄弟姐妹的榜样示范作用，也能有效纠正孩子们的错误行为。不仅如此，以村为单位的聚居生活，使得整个村子的长辈都会对孩子们进行教育。孩子们身处这样的大环境中，处处展现着分享、关怀、守礼、尊重等美好的品德。

随着产业化、城市化的加速发展，这种传承已久的品德教育系统日渐崩塌。托儿所和幼儿园等社会化教育机构的出现，让越来越多的孩子走出家门，早早入学。有限的几位老师管理、教育着一群孩子，使得品德教育变得非常困难。家庭和社会都无法把品德教育真正落实到位，以至于孩子们从小学开始，就频繁地出现问题行为。现代社会，青少年的身体发育水平明显高于以前，心理发育水平却呈现下降趋势。

有学者认为，短暂的童年无法完成人的品德教育，青春期是进行品德教育的最后时期。错过这个阶段，很多人的不良品行，就一辈子都无法改正了。倘若有父母在孩子童年时期未能重视孩子的品德教育，请一定要抓住青春期这个最后的时机。

要想做好孩子的品德教育，父母首先要树立正确的价值观。孩子第一次出现问题行为时，父母的态度非常重要。随着父母态度的变化，孩子的问题行为可能会得到纠正，也可能变得更严重。父母的态度也会直接或间接改变孩子的未来。

几年前我教过的一名男同学，他从妈妈的银行卡里偷偷刷了20万韩元（约合人民币1200元），买了游戏道具。妈妈知道后，严肃地批评了他。其实这个学生的家庭条件不错，20万韩元对他家来说，不是什么大数字，但妈妈对他进行了严厉的批评教育，告诉他欺骗家人、偷钱是多么错误的行为，其性质多么恶劣，这一行为的影响，远比损失20万韩元要大得多！这件事情之后，这个学生改正了错误，听说他现在已经成为一个经济观念很强而又正直诚实的孩子了。

从这个事例中我们可以看出，孩子第一次出现问题行为时，父母的做法决定了事情的走向，也决定了孩子的成长方向。如果这位妈妈只是针对损失了不小的一笔钱，而训斥孩子乱花钱，给家里造成损失，孩子很有可能不会认真反省自己错误行为的本质，只是认为应该控制偷钱的金额。这样的反省没有意义，因为孩子很有可能再犯同样的错误。相比之下，妈妈通过教育让孩子明白，错误的行为损伤了比金钱更宝贵的诚实、正直的美德，并且给孩子提供了深刻反省的机会。可以说，问题行为的出现，给父母提供了实施品德教育的契机，这是可遇而不可求的，父母一定要珍惜并把握好这样的机会，千万不要胡乱放过。父母如何定义和处理孩子的问题行为，决定了孩子今后的成长之路。

统计数据显示，在初中时因为吸烟或暴力等问题，常常惹是生非的学生，上了高中以后，有相当一部分会中途退学，这就是"偷针"变"偷金"的现实例子。在韩国，小学和初中是义务教育，学校和老师会想方设法帮助学生完成学业，但高中就不同了，读不下去的学生可以选择退学。

孩子第一次出现问题行为时，倘若得不到正确的引导和教育，日后可能会犯下更严重的错误。有一名学生在初中时就吸烟，而且频繁制造校园暴力事件。他的父母每次接到老师的电话，都会埋怨学校："我儿子这么善良，凭什么说他是问题学生！"这对父母在对宝贝儿子的品德教育上，选择了姑息纵容，而不是"多打一棍子"。结果当然可想而知，这名学生上了高中以后，更加无法无天，最终走上了犯罪道路，离开了学校。

父母对孩子的看法和评价，孩子心里都清楚，很少有孩子犯了错误而不自知。由于父母对孩子问题行为的看法和处理方式不同，孩子可能会反省、改正错误，也可能会在错误的泥潭中越陷越深，无法自拔。天底下没有不爱孩子的父母，越是因为"他（她）是我至爱的孩子"，越应该严格地要求、严厉地教育他们，不是吗？

一个学生手里拿着烟，被老师发现了，老师仅以"携带香烟"为由，就认定该学生吸烟。试想一下，如果这件事发生在自己的孩子身上，父母们会怎样看待呢？

我相信，大多数父母会袒护孩子，说："老师不是应该更信任学生吗？不能仅凭携带香烟，就认定他吸烟而予以处罚啊！"

众所周知，吸烟一旦开始就不容易戒掉，即使有戒烟学校、电子烟等途径和方法的帮助，戒烟也是相当不容易的。另外，吸烟这个问题，跟学习好不好没有关系，好好学习的孩子也可能会吸烟。作为父母，不要急于掩盖问题，而要准确地了解情况，并且明确告诉孩子，什么是不可逾越的底线。

也许"携带香烟"真的仅仅是携带，那个学生并没有吸，只是好奇地拿着朋友的香烟。但是和吸烟的人混在一起，加入他们的行列是早晚的事。情况还有可能一步步变得更糟，从吸烟到饮酒，再到逃学，孩子在违反校规的路上越走越远，乃至受到学校的处分，甚至走进少管所。

近些年来，无论是家长的态度，还是社会舆论的导向，都导致老师不能对学生施以严厉的教育手段，跟以前允许老师体罚学生的时候完全不同了。学生出现问题行为，老师如果选择严厉的惩戒方式，很有可能遭到社会舆论的声讨。曾经就有家长以"老师当众训斥学生是侵犯人权"为由，提出了抗议。当前的这种舆论氛围，使得老师们在教育学生上普遍采取了谨慎自保的态度。

总之，在孩子的品德教育上，家长们不要单纯寄希望于学校，更应该在家里直接进行教育，特别是千万不要错过教育的最佳时机，免得后悔莫及。还是那句话："为防偷针变偷金，爱子须多打一棍。"家长们一定要牢记呀！

曦允老师的知心话

我知道，在父母眼中，自家孩子永远是最好的，但在教育孩子的问题上，如果也总是怀着一颗"自家孩子最好"的"父母心"，就很可能会造成不良的后果——比如，错过恰当的教育时机，给孩子灌输错误的价值观等。父母们，让我们努力把孩子看作一个独立的人格主体吧！站远一点，从多种角度观察孩子，就能更加客观地把握孩子的个性特征和优缺点。

第16课

妈妈的焦虑，孩子是知道的

韩国人特有的"快快快"的民族性格，在子女教育上也体现得相当明显。在小学入学之前，孩子们必定要学完韩文字母，不能输在起跑线上；初中生提前学习高中的内容，也已经是全社会的共识……各个年龄段的学生，都在不同程度地被"内卷"裹挟，因为妈妈们普遍都很焦虑。其实，妈妈们的不安和焦虑，对孩子的前途并没有多大帮助。

我认识一位对子女教育非常上心的妈妈，虽然家里并不富裕，但她决定让两个正在读小学的孩子都到国外去读书。她认为，在大学正式出国留学之前，至少应该让孩子们在国外生活几年，这样孩子们的英语会更好。于是，她果断地斥巨资把孩子们送到了国外。

读初中时，孩子们回来了。因为无法适应韩国的学校生活，他们俩对父母没能继续保障他们的留学生活心生抱怨。家长本以为享受了国外的优质教育资源，孩子们会精通英语，各门功课成绩都会很优秀，然而实际上，两个孩子最终都以中下游水平的成绩毕业。

当前，韩国的教育"内卷"越来越严重，任何专家的呼吁和建议，都难以消除家长们的焦虑，他们对孩子的英语成绩尤为担心。真的有这个必要吗？答案是否定的。并不是因为我是语文教师才这么说，而是当今的孩子们，真的无须过分重视英语学习。

过去，英语成绩的好坏是影响大学录取与否的重要因素，但现在情况不同了。高考中，英语属于采用绝对评价方式（不显示分数，只标注成绩等级）的科目，学生们不用再像以前那样拼命学习英语，有需要的时候再自发地学习就可以了。

有研究证明，小孩子长到3岁以上，母语就已经成熟，即便去英语圈的国家留学，其语言思维也是先用韩语思考，再转换成英语说出来。除非父母中有一方是外国人，孩子自然地生活在双语环境中，否则，外语就是外语。

另一个重要的衡量标准，就是到底有多少职业或岗位需要用到英语。答案是：没有想象中的多。除了对外贸易、外交、翻译等必须精通外语的职业或岗位，大多数职业或岗位只要能用外语进行基本对话就足够了。再加上翻译软件和人工智能应用的日益普及，英语学习的压力确实大大减轻。也许在不久的将来，更加被看好的能力不是英语说得多好，而是翻译软件用得多好。基于以上原因，我认为家长们没有必要再因为孩子的英语成绩焦虑和不安，强行把他们送进补习班。

在我看来，学习和减肥有一点是相同的：不会立竿见影，需要持之以恒。为了减肥，人们往往要花一个月的时间调整饮食，努力运动，但是减肥的成果要到下个月才会显现，而不是这个月。同理，孩子们需要经过一段时间的刻苦努力，成绩才会明显提高。

性急的家长们往往等不及，他们认为，把孩子送到补习班或是请了家教老师，下一次考试就应该见到成效。有不少家长向我咨询过，怎么上了补习班还是没考好。每次遇到这样的情况，我都会建议家长不要着急，至少关注3个月再做决定——人对某种东西产生适应性需要100天时间。

当老师10多年来，我遇到过各种不同类型的学生，其中最让人棘手的是患有阅读障碍症的学生。

阅读障碍症和多动症在很多方面是相似的，只是略有不同。多动症是"注意力缺陷障碍"，特点是注意力不集中、不容易制怒、自我合理化程度高；而阅读障碍症患者可能表现得沉着冷静，也可能表现为读不好字，特别是在紧张的情况下症状尤为严重。患有这类疾病的孩子在数学考试时，会把数字"3"看成"8"，那些以添加"0"、去掉"0"为训练重点的数学题，对于阅读障碍症患儿无疑是致命的。

我第一次遇到患有阅读障碍症的学生时，不知道该如何指导他们，自己摸索了很长时间，还是不得其解。后来我向一位经验丰富的老师请教，他冷静而坚决地回答我："就不应该要求他的学习成绩。"

这位老师的意思是，阅读障碍症本质上是一种心理问题，越是强调学习、强调成绩，越会加剧他们的症状。与其天天盯着他们学习，还不如给他们多吃点富含镁元素的食物，以帮助他们减轻压力。

的确是这样，参加数学考试的时候，把"5"看成"3"，把"3"看成"1"，能答对题吗？就像那位老教师说的，最好不要强迫他们学习。与其用压力和焦虑来压迫孩子，还不如先请专家确认孩子的情况，再制定一套对他长期发展有帮助的方案。

不安或焦虑等负面情绪，在家长们中间传染得很快。家长们彼此制造焦虑，又彼此承受压力，其实真的大可不必。仔细想想，有什么值得不安的呢？每个孩子都有自己的才能和潜力，只是展露得有快有慢而已。只要引导孩子按照他自己的节奏前进，遇到任何磨难和挫折，孩子都能振作起来。

曦允老师的知心话

韩国人在很多方面都追求"不比别人差"，特别是在子女的教育问题上，表现尤为突出。身为父母，总是担心自己的孩子"落后于他人"，担心孩子的优势会被超越，不自觉地产生攀比和焦虑。父母们不光在子女上学时因为成绩而焦虑，还会在子女成年后，因就业和婚姻而焦虑。

显而易见，人没有什么成果是因为父母"急得跺脚"而达成的。父母再着急，孩子的成绩也不会提高，除非学习的当事人自己奋发努力。就业和婚姻更是如此，不仅需要当事人的努力，还需要一定的机会，父母的不安和焦虑无济于事，只会给自己和子女带来巨大的压力。

我们班的班训是"人尽其才，各得其所"，使用这个班训就是想让孩子们记住：尊重自己的个性特征，在自己擅长的领域努力做到最好，不要和别人横向比较，只要和昨天的自己纵向对比就足够了。我坚信，无论成绩好不好，孩子们将来都会施展各自的才能，作为社会中的一员发挥出应有的价值和作用。

内心探访②

曦允老师提问，成彬回答

#游学 #梦想 #叛逆期 #如果成为爸爸 #自我认可

曦允老师：开始咱们今天的采访吧！首先给大家做个自我介绍怎么样？

孙成彬：大家好！我是孙成彬。我个子有点矮，（笑）做什么事情都很认真。

曦允老师：哇，你的自我介绍很帅啊！成彬，你马上就要毕业了，如果你有机会再次成为一名初中生，你最想做的事情是什么？

孙成彬：嗯，我想回到初三游学的时候，那是初中生活三年中最有趣的活动，给我留下的印象最深刻。

曦允老师：啊哈，成彬觉得游学的时候最有意思啊！老师们带着大家游学真的很辛苦，但成彬觉得很幸福，这就够了。成彬，在学校里，很多学弟学妹以你们为榜样，如果请你用五个字给他们一点建议,你的建议是什么呢?

孙成彬:五个字吗?嗯,是"自、己、的、梦、想",我想说的是这五个字。

曦允老师:哦?"自己的梦想",感觉意味深长啊。

孙成彬:一直以来,我都是按照父母的意愿往前走的,也拥有了梦想,但是我不确定它是不是我真正的梦想——好像是,又好像不是,最近我为此很苦恼。所以我希望学弟学妹们至少要找到自己的梦想。

曦允老师:成彬你的梦想是当"空中交通管制员"对吧?托父母的福,你已经找到了梦想,你是觉得不太适合你,对吗?

孙成彬:是的,我是带着好奇心了解"空中交通管制员"的,觉得很有意思,也很有挑战。但是当我深入了解了这个职业,知道这是一个需要努力学习才能从事的职业后,我感觉压力很大,好像有点动摇了。现在,我正在努力重新寻找自己的梦想。

曦允老师:我们的成彬对自己很诚实,真是难能可贵啊!成彬也有过患"中二病"的时候吗?

孙成彬:有啊!我觉得就是去年,读初二的时候。那段时间我每天在外面玩到很晚才回家,爸爸妈妈生气批评我,我就气哼哼地"砰"一声摔门进屋。每到这种时候,爸爸妈妈肯定会叫我:"你出来,干吗使这么大劲儿关门呢?"因为怕挨骂,有时候我会辩解说"我没使劲关,是风大,把门带上了",有时候我会硬着头皮顶嘴说"我哪里知道"。在我家,顶嘴会被爸爸妈妈骂,偶尔也会被打。

曦允老师:哎呀,父母亲为此应该很伤心吧?你想借此机会和父母亲说点什么吗?

孙成彬:不光去年,我今年也有很多时候表现得很逆反,我知道爸爸妈妈一直在理解我、包容我,我一直都很感谢他们。以后我要努力做得更好,让他们省点心。

曦允老师:成彬,如果以后你有了孩子,你想成为什么样的爸爸呢?

孙成彬:虽然我不能成为让孩子百分之百满意的好爸爸,但我会尽最大努力,倾听孩子的心里话,知道他心里真正想要的是什么。我认为,不管是多小的孩子,爸爸妈妈都应该多给他表达意见的机会。

曦允老师:除了做一个好爸爸,你以后还想成为一个什么样的人呢?

孙成彬:每个人都想得到别人的认可,说实话,这真的很难做到。所以我想,在得到别人的认可之前,我要先成为"认可自己"的人。我觉得,最了解我、最信任我的,当然就是我自己。

曦允老师:嗯,你的想法很好!现在是最后一个问题了,你想对阅读这本书的读者说一句什么话呢?

孙成彬：我知道，作为家长，出于对孩子的关心和爱，会训斥孩子，也会常常提出建议，但我希望家长们不要过于着急。比起强迫孩子无条件地学习，我觉得偶尔能给孩子自由、释放孩子的天性会更好。我自己的体会是，如果和朋友们玩得很开心，学习上的自卑感和争胜心都会大大降低，人际关系会更好。

孩子为什么不跟我说话了呢?

第三章

一句话打开青春期孩子的心灵

[对话方法篇]

第 17 课

可不可以不唠叨

我曾经看过一档访谈节目，一位著名的棒球选手和正值青春期的女儿一起出来接受采访。女儿吐槽爸爸总是用命令的语气说话，她听起来很不舒服。不少网民针对这位女儿的话，留言指责她："你的父亲这么有名，托他的福，你不知道享受了多少好东西，不懂得感恩，还在这里抱怨父亲，真是吃饱了撑的……"网络上批评的声音很多，但我认为，孩子吐槽父亲唠叨，并不是什么大问题。因为对于青春期的孩子来说，喜欢父母和反对唠叨是两码事。

青春期的孩子对唠叨简直达到神经过敏的程度。不光老师和父母，遇到的每个大人几乎都会唠叨他们，让他们不胜其烦。对孩子来说，唠叨就是引发反抗的导火索，特别是时机不当的唠叨，不光没有任何劝诫效果，反而为他们的反抗提供了借口。为了能让孩子按照父母的愿望去做，有时候反其道而行或许更为有效。

出身于高丽大学教育系的"秀才笑星"朴智宣，就有一位这样教育她的母亲。朴智宣曾经在采访时表示，青春期那段时间，母亲妨碍了她学习，她只能自己挤时间学习。母亲经常告诉女儿："不要带着压力去学习。"她还会在女儿的房间里打着呼噜睡觉。母亲的这种态度，反而让她更加努力学习了。她说："如果妈妈每天'学习吧，学习吧'地唠叨我，我一定不会努力学习的。妈妈读懂了我的这种心理，她以妨碍我学习的方式促使我自己努力。"

母亲的这种做法，不知是出于洞察女儿叛逆天性而实施的战术，还是出于"快乐教育"的价值观，总之，母亲的"反其道而行"，让女儿有了持续不断的学习动力。这位母亲的智慧之举，真是令人叹为观止。

韩国著名音乐人李笛的母亲、女性学者朴慧兰女士，就是一位不念叨学习，却把孩子们个个都培养成才的母亲。她对孩子们的学业并不特别在意，而且允许他们按照自己的意愿自由地生活。好朋友也曾经质疑她，为什么对孩子们的学业漠不关心，直到看到她的孩子们都考上了首尔大学，才对她的教育理念有了新的认识。

朴慧兰女士从来不要求孩子们学习，自己却非常努力。她40岁时又重新回到大学校园，继续攻读之前没有完成的研究生学业。每天晚上，她在餐桌边学习，孩子们也都主动拿着书，聚在餐桌旁边一起读书——多么温馨的画面啊！或许这就是朴慧兰女士教子成功的秘诀吧！

每个人都有这样的感受：父母教育孩子时，每句话都感情真挚、能量满满，饱含着对孩子的殷切期待，但无论多正确、多恳切的话，说得多了，传到孩子耳朵里的，其实都只是一种烦琐的信息——

唠叨！

孩子们左耳朵进，右耳朵出，脑子里只盘桓着一个念头：

"哎哟，又开始了。"

"什么时候才能结束啊？"

不光是亲子之间、师生之间，其实在任何人际关系中，"唠叨"都是弊大于利的。多么有用的话，都最好说得简明扼要。

客观来说，父母养活孩子，不可能不唠叨，但问题在于，父母唠叨的大部分都是学习和成绩：

"快去做作业！"

"你不去补习班吗？"

"别再看电视了，快去学习吧！"

孩子们当然不会把这些唠叨当成有益的建议，只会把其视为学业压力的一大来源。正如朴慧兰女士的经验给我们的启示：父母不唠叨，相当于赋予了孩子自主学习的权利，反而能激发起他们学习的动力。

我父母的教育方式也很有智慧。父母膝下有三个孩子，我的小弟弟身体有点残疾，父母为他多操了不少心。母亲忙不过来的时候，经常把一些事情交代给我。母亲说："我们曦允是个特别自立的孩子，这些事你会自己看着办，对吗？"母亲总是相信我，很多事情都让我自己做主，所以学生时代，我学习的主导权一直掌握在自己手中。现在回想起来，在学习上遇到困难的时候，我不得不自己多下功夫，或者主动向成绩好的同学"取经"：模仿擅长记笔记的同学做思维导图；跟着大量做题的同学进行解题能力练习；每天晚上10点和好朋友们通电话，互相说说今天学习了多长时间，有什么收获；每次考试之后，我都会重新思考，想要平均分再提高3分该怎么办，当然自觉地增加了备考时间……

现在看来，我的这种习惯正符合现今大力提倡的"自我主导"学习策略。学习的当事人自己决定学习的目标和计划，并对学习过程进行自主管理。这是那些深受唠叨困扰、被动学习的孩子绝对无法想象的快乐体验。

在第四次产业革命时代，自我主导的学习能力被认定为不可或缺的能力之一。比起被动的学习者，未来社会更需要主动进取的学习者。

父母亲们，请尽量减少让孩子们学习的唠叨和对成绩的抱怨，给孩子们自主安排学习活动的机会吧。这个机会对孩子们来说，是非常重要的，虽然自主学习的过程有时难免失败，但孩子们通过对自己学业的思考、掌控、调整与反思，一定会有很大收获，逐渐成长为一个把握自己人生、具有融通能力的人才。

曦允老师的知心话

再有趣的故事，听好几遍也会腻吧？给孩子们提建议也是一样。父母们要有意识地减少唠叨，这是方法，更是智慧。一件事情如果你想跟孩子强调五次，其中三次需要用别的方式代替：第一次要言简意赅，点到即止；第二次要找到孩子做得好的方面，用称赞代替唠叨；第三次不妨迂回婉转地说出来。

当父母对待孩子的言语和行为呈现出多样化时，孩子往往也会表现出强烈的好奇心，愿意倾听，愿意遵照执行。即使是同一条消息，呈现的方式不同，对方也可能会觉得是另一条消息，至少不会还没听就直接掩上耳朵。

第 18 课

妈妈是自尊心小偷

著名的心理学理论家纳撒尼尔·布兰登（NathanielBranden）在他的著作《自尊的 6 大支柱》中提出，"自我效能感"和"自我尊重感"是支撑自尊的两大支柱。自我效能感是对自己能胜任某一工作的判断，自我尊重感则意味着一个人认为自己有价值、很重要。也就是说，认为自己是个不错的人，就是保有自我尊重感的一种状态。

关于人际交往中为什么一定要使用肯定性的语言，有许多耳熟能详的故事，我相信很多人都听过。尽管如此，依然有很多母亲把自家的孩子放在跷跷板的一端，与"朋友家的孩子"进行比较。比较过程中对朋友家的孩子的夸张赞美，会让孩子心里产生怀疑：明明一个年级只有一个第一名，怎么妈妈朋友家的孩子全都是年级第一名呢？

站在父母的立场上看，拿自家孩子和其他同龄人比较，只是为了刺激孩子，让他们更加努力学习。但是，这种比较，会让孩子的自尊心受到伤害。自尊心一旦受伤，就会出现各种问题，不适应学校生活、学习动力不足、人际关系受挫等，都可能源于这种无谓的比较。

更有甚者，除了朋友家的孩子，还把七大姑八大姨家的孩子都拉进来比较，将自家孩子贬为劣等生。孩子即便不认为妈妈说得不对，心里也会非常难过。如果孩子的努力程度不亚于对方，就会更加委屈了。

摧毁孩子自尊心的致命武器是负面语言。低自尊的孩子如果无休止地沉浸在"你不行"的评价中，想尝试做点什么的时候，立刻就会自我否定，不知不觉给自己贴上"我不行""我做不到"的标签。

"你为什么不能做得更好一点呢？"

您是否也常常把这句话挂在嘴上呢？试想一下，经常被这种负面语言暴击的孩子会怎样看待自己呢？"我无法做到更好"，也许这就是他对自己的评价。

不要小看父母一句负面的话，那对孩子的影响真的很大。孩子本来能做到的事情，如果父母不断给他灌输"做不到"的思想，孩子就会认为自己真的做不到。父母一定要对孩子使用积极的语言，要让孩子认识到自己能做到。

我在职业高中当老师的时候，深受家长好评，因为班里学生的成绩提高得很快。我带的商业高三班的成绩跃居全校第一名,很多孩子有实力考上首尔的专科大学,难度很大的模拟考试成绩从四等提升到二等,孩子们可以考进梦寐以求的军事学专业。孩子们之所以取得如此可喜的成绩,是因为我有独特的教育秘诀,那就是——不断发现他们的优点,并用积极的语言称赞他们、鼓励他们。

现在,我仍然在沿用当时使用的秘诀。我经常在笔试成绩出来以后,和孩子们一起订正答案,看着答题纸和总分,一一地给他们反馈和建议。我就是通过这样的方式,潜移默化地鼓励孩子,为取得更好的成绩而努力的!

"你这次的问答题没有失误,题目读得很仔细,答案也写得非常好!"

"你再答对一道题,就由70多分变成80多分了,接着加油哦!"

"果然认真听课最重要吧?老师就知道你的成绩会提高!"

"比上次提高了很多啊,你是怎么做到的?"

听到我说这样的话,大部分同学都会害羞地说,就语文学科考得好。

一句肯定的话可以改变孩子的人生。大部分父母拿到成绩单后,都忙着和以前的成绩相比,查看孩子哪门功课成绩下降了。我认为要想鼓励孩子努力学习,父母的眼睛不应该盯在下降的成绩上,而应该充满喜悦地跟孩子探讨成绩提高了的科目。"从这门课成绩提高的幅度来看,孩子,你其他功课也一定能学好，要对自己有信心！"父母或老师对孩子的每一句称赞，都会成为孩子爆发性地努力学习的契机。

语言和思维有着密切的关系。听正能量的话，说正能量的话，才能从正能量的角度思考问题。经常听到表扬的孩子，才会对自己充满信心，遇到困难的时候，也会坚信自己能够成功。

"没关系，你一定能行！"

请父母们务必记住，这句话能提升孩子的自尊感，给孩子带来成功。

曦允老师的知心话

遗憾的是，很多成年人认为父母是自己人生中的第一个自尊心小偷——他从父母那里听到了太多负面的评价。我们的孩子长大成人后，步入社会生活，会遇到很多自尊心小偷，父母有必要提前给他们挫折吗？父母一定要找到孩子的优点，哪怕只是一些很小的优点，也要让孩子生活在受到称赞的氛围中，帮助孩子提高自尊。父母在孩子心中播下自信、自尊的种子，当种子开花时，孩子将会成长为坚强、帅气的大人。

第19课

通过对话让孩子实现自我反省

苏格拉底被誉为人类历史上最好的老师,他很擅长使用提问法,引导学生自己找出答案。人们在被提问的时候,会本能地进行思考。初次被提问时,人们会产生好奇,开始思考并积极寻求答案;经由持续不断的问题的引导,人们会逐渐找到接近问题本质的答案;直到最后被问到直指核心的问题时,人们会体验到亲口说出答案的美妙瞬间。

在21世纪的今天,苏格拉底的提问法仍然有效,特别是当孩子经过引导,自己意识到错误时,他们的内心会产生强大的力量。但是大部分父母在教育孩子时,不是从"提问"开始,而是从"说教"开始,他们确信通过说教,可以提醒孩子改变问题行为。我认为,这种方式根本行不通。孩子为了避免被父母长时间说教,会表现出暂时顺从、反省的态度,但他们内心其实并没有真正认识到错误。

要想让孩子真心实意地"反省",最好的方式是父母循循善诱地提出问题,引导孩子逐步深入思考。跟孩子谈心适合采用"漏斗式"提问法,从宽泛、简单的问题开始,步步深入,引导孩子坦陈并反省自己的错误。

我在教育学生的过程中,也经常运用"提问法"与学生进行对话。当学生的问题行为比较突出时,我一般按照 F – W – If 三个步骤来引导学生自我反省。

第一步:Fact check(确认事实)

"请你先写下事情的经过。"

当学生出现严重的问题行为时,首先让他们写一封陈述书,老师对照孩子陈述的内容,核实是否属实,进而掌握整件事的原因和过程。

第二步:Why(倾听原因)

"你能跟老师说说为什么要那样做吗?"

第二步最为重要。孩子即使做了错事,也要给他们辩白的机会,听他们说出自己的内心所想和行事意图,也许孩子在那时那地不得不那样做。倘若不给他们说话的机会,孩子就会明知有错,但心里觉得委屈,不肯反省。哪怕是微不足道的理由,也要让孩子亲口阐明。老师要做的是,引导孩子自己认识到问题所在。

就像犯罪嫌疑人被确定有罪之前,适用"无罪推定原则"一样,我努力通过"倾听原因原则"来理解和认同他们。

第三步：If you……（如果你……）

"如果你是他，你是什么样的心情？"

通过这样的问题，引导孩子摆脱以自我为中心的思考方式，转换到受害者的角度，去体会他们的心情。人类是一种"只知自己手上小刺疼，看不见别人胸口大钉子"的动物。如果孩子能设身处地地站在别人的角度思考问题，就会客观地反推自己的行为有多错误。并不需要老师追问"是你错了吧"，孩子自然能意识到自己做错了什么。

正如大海拥有自净能力一样，孩子的身上也蕴藏着解决问题的能力。老师和父母只需要通过提问，引导他们激发起这种潜在的能力即可。"提问法"不仅老师常用，有些家长也运用得得心应手，令老师刮目相看呢。

我曾经听过一位母亲跟孩子谈心的过程。那个孩子辱骂同学，影响很坏，这件事被学校认定为"语言暴力事件"。他的母亲来到学校后，并没有劈头盖脸地教训孩子，而是让孩子亲口讲述事情的前因后果，说清楚那时候心里是怎么想的，有没有什么特别的细节和突发情况。了解了这些情况之后，母亲又让孩子说说自己现在是怎么想的，有没有觉得自己哪里做错了，打算怎样弥补过错。经过这样一番深入的交谈，孩子逐渐认识到了自己的错误，并且下决心要改掉不良的语言习惯。

让孩子自己认识到错误的唯一方法是"对话"。如果明明进行了"对话"，但孩子并没有改变，问题行为依然反复出现，则很可能之前所进行的交谈不是"对话",而是"说教"。

是"对话",还是"说教",区别在于问题的答案是孩子自己找到的,还是父母单方面灌输的。"提出"问题"是为了了解孩子内心,给孩子反思自己行为的时间;而当父母试图单方面灌输自己的价值观或想法时,孩子绝不会对自己的问题行为进行省察。

我在学生部工作,遇到过各种有问题行为的学生,有的因为同一类事件反复受到处罚。每次看到又有学生被带到学生部VVIP室,我就不由得心生感叹:让孩子真心悔悟真是太难了!

孩子的错误行为只有通过自己反省才能根除,而不是靠父母的训斥、说教。当然,即使采用"提问法",孩子的问题行为也不会在一夜之间就得到解决。坏习惯很容易形成,向好的方向转化却需要很长时间。如果家长和老师能够使用正确的方法,反复叩击孩子的内心,总有一天,孩子会真正认识到自己的错误,从而痛改前非。希望家长和老师能利用好对话的技巧,给孩子自己悔过和改变的机会。

曦允老师的知心话

几年前,为了矫正脊柱侧弯,我做过一种叫作SNPE(塑形美体)的运动。教练以其他类似的运动为例,给我讲解了这项运动的优点。他说,依靠他人的力量矫正脊柱的效果是即时的,他人的力量一旦消失,脊柱就会恢复原样。自己通过运动纠正身体姿态，虽然效果不会立竿见影，但长时间保持正确的姿势，既可以矫正脊柱侧弯，又能塑造良好的形体姿态，一举两得。

这个道理是不是也适用于帮助青春期的孩子们纠正不良行为习惯呢？父母或老师的训斥和说教，只能暂时解决问题，很难从根本上纠正孩子的问题行为，最重要的是引导孩子们自己转变。这一过程或许需要一些时间，但请务必相信孩子们，他们一定会在自己的内心找到答案。

第 20 课

学会读懂孩子的心

今年年初,我在网上读到了一个真实的故事。一名高三学生,先是考上了首尔大学理工学院,接着又拿到了一所外地医学院的预录取编号。到底去哪所大学,成了家里人争论的焦点:父亲想让儿子上医学院,儿子想上首尔大学,两个人发生了激烈的争执。最后疲惫不堪的儿子采取果断措施,在首尔大学预交了学费后,给外地的医学院打电话,说即使有录取机会,也不会去了。他知道一旦被医学院录取,父亲肯定让他去医学院,为了不被医学院录取,他釜底抽薪,拒绝了医学院。

更令人气绝的事情发生在这之后。原来这位父亲也来了个釜底抽薪,瞒着儿子去首尔大学,把预交的学费取出来了!他以为这样一来,儿子就不得不选择医学院了。结果可想而知,这位同学既上不了首尔大学,也没有被外地的医学院录取,只能复读了。

这位同学为什么不想上医学院呢？在大多数人眼里，医生是多么令人羡慕的职业啊！我相信，很多做家长的人都无法理解这位同学的选择。原因其实很简单——这位同学不想当医生。之所以发生这样惨痛的"报考事故"，是因为父亲完全不明白孩子的心。我认为，这位父亲在跟孩子探讨志愿的时候，应该静下心来，听听孩子不想上医学院的原因，了解清楚孩子真正的志愿。

我小时候也曾莫名地想当医生，长大了才发现，我脾胃功能弱，共情能力强，并不适合行医。看到别人受伤疼痛，我就和我自己受伤了一样痛苦，看到出血和伤口，我的胃也非常不舒服。基于这样的实际情况，我放弃了当医生的梦想。对我来说，医生和护士这样的职业，即使收入很高，我也做不了。

父母动员孩子报考医学或师范之类的专业时，一定要观察孩子的个性是否适合未来的职业。另外，还要确认一下，孩子是否真心愿意以这一职业为生。

前面故事中的这位父亲，没有经过观察和确认，也没有和孩子平心静气地讨论，就像对待自己的私有物品一样，擅自决定儿子的人生，导致了"悲剧"的发生。也许有家长会说，我跟他沟通了呀！但要注意，沟通中最重要的就是读懂对方的心。读心，意味着从真正意义上把握对方的需求，而不是自己理解的对方的需求。俗话说，"干活不由东，累死也无功"，如果与对方的需求不符，干得再好也毫无意义。

在与学生打交道的过程中，我也在为赢得学生的心不断努力着。每到新学期，一批新同学走进校门，我都会下很大的功夫，与他们建立友好关系。友好关系建立成功，接下来的教育和指导工作就可以顺利进行；反之，他们很有可能拒绝接受老师，甚至与老师产生对抗。

无论大人还是孩子，如果知道自己的情感或意愿被忽视，就会关上心门，拒绝听从对方的建议。特别是青春期少年，会对漠视他们心声的老师或父母生起强烈的叛逆之心。遗憾的是，确实有很多父母读不懂孩子的心，又缺乏沟通技巧。

那么，如何读懂孩子的心呢？其实方法很简单：给孩子提供充足的信息，给他们足够的时间，让他们自行做出判断就可以了。

举例来说，父母想提议孩子参加英语夏令营，可以先给孩子提供一些有关英语夏令营的信息，让孩子充分了解夏令营各项活动的优点及费用。当然也要让孩子充分了解参加夏令营的缺点，比如假期里将会有一些日子不能痛痛快快地玩了。掌握了这些信息的孩子，可能不会马上决定，他们会在认真考虑之后再做决定。如果孩子不想去，就会看着妈妈的眼色，为难地说明理由；如果愿意去，语气就会高兴而坚定。

青春期的孩子有时像个大人，有时却和小孩没什么两样。关于父母对青春期孩子的理解这一问题，有一个非常有趣的事实：在规划学业和前途等方面，父母会认为他们不成熟，还是个孩子，其实他们反而会像大人一样有条理地思考；相反，在基本生活问题上，父母认为他们能像大人一样处理好，他们却又常常表现得像个孩子。由此来看，更需要父母帮助的是后者而不是前者，但是很多父母都担心孩子不够成熟，会介入孩子的学业和前途的规划。其实这些领域，更应该遵从孩子的意愿。父母适当尊重孩子的自主性，孩子的自尊感会得到显著提升，进而做出成熟且恰当的决定。

想和青春期的子女有效沟通，父母就要培养自己读懂孩子内心的能力。考虑孩子真正想要的是什么，即使答案已经明确，父母也要说出孩子希望听到的话。孩子想从父母口中得到称赞，父母就要给予称赞，孩子想要鼓励，父母就要给予鼓励。心里想要的答案由父母说出来，孩子自然会把父母当成世界上最理解他的人。

曦允老师的知心话

现在已经不是父母可以随意决定子女前途和命运的时代了，但仍有不少父母怀着不合时宜的错误想法："孩子长大之前要听我的！"

说这种话的父母，只会让孩子越来越感受到压力，跟父母之间的距离越来越远。父母虽然是成年人，但也不是所有判断都正确。父母希望孩子少遭遇失败，少走弯路，这种心情固然可以理解，但依然要让孩子自己掌握人生的方向。让我们做孩子人生路上的守护者，而非掌控者，您看怎么样呢？

第 21 课

父母的话变了，孩子的话也变了

如果您觉得和孩子的谈话进行得不顺利，有必要回过头来审视一下，开启对话的那个提问是否有问题——

"你期末考试得了多少分？"

"你这次得了第几名？"

"模拟考试考了第几级？"

孩子们对这些问题的回答几乎总是一样的：

"我不太清楚。"

孩子们最讨厌的就是与考试成绩有关的问题，如果父母以此为话题展开交流，孩子们会从谈话一开始，心里就产生抗拒："嘿，不用说，肯定又是一通审问。"孩子对此番谈话的内容有这样的预判，心理上就已经切断了与父母沟通的意愿。所以父母要想和孩子有效沟通，首先要让开篇的话题远离"成绩"二字。

在实践中我总结出一个经验，想要跟孩子实现持续的、高质量的交流，最好把"梦想"作为主题来开启对话。青春期孩子当中，有一半左右对梦想已经有了自己的想法，当然也有相当一部分孩子，还没有明确的梦想，或者还没开始思考自己的梦想。有一位母亲跟我说，她问孩子"梦想是什么"，孩子回答说"没有梦想"，这让她感到很生气。

生气归生气，但"没有梦想"并不是孩子的错，成年人中也有很多没有梦想。青春期孩子正处在寻找梦想的过程中，暂时没找到也是正常的。而且，梦想并非一成不变的，即便当下已经拥有非常坚定的梦想，也可能会因时移世易使梦想发生改变。我认为，跟孩子一起探讨"梦想"的话题，并不是要给孩子施加压力，强迫孩子立刻拥有梦想，而是要在孩子寻找梦想的过程中，给予一定的支持和引导。这样开诚布公、推心置腹的谈话，可以让父母与孩子一起，享受一次"寻找梦想"的心路之旅。

"孩子，你最近对什么感兴趣？"

"你觉得干什么最有意思？"

如果父母持续关注孩子的兴趣点，经常询问孩子的想法，孩子回答的态度就会越来越认真，并且逐渐向父母袒露心声，说出自己内心深处的真实想法。这样一本正经地跟父母谈论自己梦想的孩子，多么难能可贵，多么令人惊喜呀！

当我们觉得有人在用心倾听自己的故事，并且予以认同时，我们就会和对方产生心灵相通之感。为了让孩子产生"爸爸妈妈在听我说话"的美好感觉，父母要做到"共情式倾听"。

"共情式倾听"既可以说是倾听的技巧，也可以理解为倾听的艺术。根据倾听者反应方式和内容的不同，倾听可以分为"消极倾听"和"积极倾听"。消极倾听有时表现为"凝神谛听"，一边听一边点头；有时表现为"鼓励发言"，一边听，一边以"然后呢？""你再说说看？"之类的问题，引导对话继续深入下去。

积极倾听则表现为在倾听的过程中有所反馈，比如，重复孩子的某句话："啊，所以你生气了！""啊，你已经很努力了，但镇洙不知道，所以你很伤心啊！"父母的反馈，可以是对孩子说话内容的理解，也可以是适当发表自己的看法。

以上关于"共情式倾听"的理论，并非我自己的独创，其实是高一语文课本上关于"如何说话"的教学内容，青春期的孩子们会在课堂上学习这些方法和技巧。如果父母在谈话中恰好采用了"共情式倾听"，孩子们一定能明显感受到"爸爸妈妈在很认真地听我说话啊"！

在"共情式倾听"的同时，如果父母能配合运用"I-message"（以"我"为主语）表述法，孩子会产生"这番谈话真舒服"的感觉。通常情况下，父母给孩子的信息大部分都是"You-message"（以"你"为主语）：

"你怎么那么懒呢？"

"就是因为这样,你才做不好的!"

收到这样的信息,孩子会觉得自己受到了指责和训斥,他或者很不开心,或者心生对抗。如果父母平时对孩子说话时,试着把主语从"你"改成"我",孩子的感受会有明显不同。比如:

"如果你再勤奋一点,爸爸会很高兴的。"

"你这样做,妈妈有点伤心。"

就像这样,主语变了,问题的焦点也变了,孩子回答的语气肯定会温和得多。让我们从现在开始,练习用"事件+情绪+期待"等要素,组成"I-message"(以"我"为主语)式语言,与孩子进行对话,怎么样?

如果父母性格比较内向,不擅长长篇大论跟孩子交流,不妨试试"身体的交谈"——谈话不一定总是用语言。即使孩子已经进入青春期,"身体的交谈"仍然有效。虽然有一些孩子不太喜欢被触摸身体,但是像背部、肩膀、后脑勺这样的部位,父母轻轻抚摸一下、轻轻拍一拍,孩子应该不会拒绝。比如,拍拍孩子的肩膀说"妈妈相信你",拍拍孩子的背说"没关系,会好起来的",等等,肢体语言配合的"身体的交谈",一定能让孩子感受到父母深沉的爱。

除了改变谈话的主题和方式,换一个场所也会对谈话效果产生一定的帮助。有一位母亲说,她和平时不爱说话的女儿一起去了咖啡馆,伴随着美妙的音乐,两个人面对面坐着,一边喝咖啡，一边轻松地聊天。几个小时的时间里，女儿的话一直没停过，跟母亲分享了自己的喜怒哀乐，交流了很多有深度的话题。

如果孩子在家总是沉默寡言，最好经常带他们走出家门，去附近的咖啡馆、公园也好，去旅行也好。在陌生的环境中，孩子会和熟悉的人更加亲近，心理上会不知不觉地靠近他们。父母可以创造这样的机会，尝试与孩子进行对于重要问题的沟通。对孩子来说，这会是一次愉快的经历、一次印象深刻的谈话。

青春期是亲子关系重新定位的重要时期。这段时期，如果亲子之间完全无法沟通，极有可能形成仇人般的关系。顺畅平稳地度过这段时期，孩子和父母就会成为世上最心灵相通的知己，建立起无法割舍的关系。人在成年以后，遇到事情时，如果愿意最先和父母商量，一定是在青春期就养成了和父母讨论问题的习惯。父母要想帮孩子养成这样的习惯，就要在孩子的内心建立起"有事情要跟父母沟通"的潜意识。在沟通交流的过程中，父母要有意识地调整谈话的主题、方式、场所等，让孩子喜闻乐见，心情放松，这样一来，孩子一定会用积极、喜悦的心态跟父母谈心的。

曦允老师的知心话

也许有人会说："使用 I-message 表述法在现实中是不可能

的,不骂人就已经不错了。"这话确实是真的。我也知道,很多时候父母们无法很好地掌控自己的情绪,难以坚持有意识地采用"I-message"表述法说话。

但是,我依然相信,作为父母,如果内心愿意改变自己的说话方式,总是思考着这些话用"I-message"表述法应该怎么说,那么,使用"You-message"方式说话的频率一定会明显降低。为了让使用"I-message"表述法成为习惯,父母们每天练习一次怎么样?刚开始可能会很尴尬,但是坚持一段时间之后,就会将其内化成为良好的语言习惯。

第 22 课

孩子们更在意情绪

"当时真不应该说那样的话,真后悔啊!"

相信每个人都有过后悔自己说错话的经历。说错话,其实是一种正常现象,因为人们的想法本就千差万别,各不相同,聚在一起工作、生活,发生冲突甚至争执是常有的事。在这种情况下,如果带着情绪说话,极有可能说错话,导致事后后悔。

老师带着愤怒的情绪说出的话,会给学生们带来很大的伤害,师生之间的关系也会急剧恶化。作为一名老师,我当然很清楚这一点,但有时候还是忍不住发脾气,说出一些过头的话——

我们班有个孩子受伤了,一举一动需要格外小心。我多次叮嘱他拖鞋太滑,不要穿拖鞋去篮球场,但他就像没听见一样,总是趿拉着拖鞋穿过篮球场。有一天,我对这个屡屡把我的话当作耳旁风的家伙发了脾气。

没想到这家伙的态度比我还差,盯着我,一脸倔强的表情,理直气壮地问我:"穿过篮球场的路是最近的,我为什么要走别的路?"听到这句话的瞬间,我就知道我的语气让他觉得不舒服了。

我相信这个孩子一定知道自己做错了,但他从我的语气中,感受到的只是我愤怒的情绪,而不是我的担心,所以心里立刻建起防御机制,执拗地顶了一句嘴。想到这里,我深深吸了一口气,又慢慢地呼出去,冷静地控制住情绪,尽量压低声音说:"老师已经跟你说过好多次了,每次你都答应得好好的,可是你没有做到啊!老师刚才有点着急,是因为担心你再次受伤。拜托你下次不要从篮球场那边走了,好吗?"

听到我声音低下去了,他的情绪也马上平复了,小声回答着"嗯,嗯",并点了点头。从那以后,我看到他每次穿着拖鞋走过光滑的地方时都非常小心。

作为班主任,我最大程度地允许学生们做自己想做的事情,可即便如此,我也无法满足学生们的所有要求。因为我首先要对他们的安全负责,教会所有学生一起遵守校规是我的职责。学生们明明知道这一点,却也难免有违反了校规,还要点小聪明的时候,点头哈腰地承诺"就这一次,下不为例",试图蒙混过关。

遇到这种情况,老师们通常会很生气,但是越生气,越要努力压低声音,控制好语气,让情绪尽量平静下来。

对青春期孩子进行教育和指导时，如果语气中带着明显的负面情绪，他们会把注意力集中在情绪上，而不在内容上，因为青春期孩子的大脑对情绪的反应极为敏感。特别是千万不要用辱骂的方式来教育他们，这会激发起他们比施教者更为强烈的愤怒之情，也会让他们的内心感受到更大的挫败感。

青春期孩子是敏感的，语言暴力对他们的伤害最大。语言暴力的受害者，会不知不觉地养成粗暴的语言习惯，转身变成加害者。一个反复被骂的孩子，内心积累的压力和挫败感到了无法承受的程度，必然会寻找一个宣泄口，表现出来就是对周围人进行语言攻击。由此可见，父母和老师跟青春期孩子说话时，一定要非常谨慎，尤其要控制好情绪。

一位有名的女演员曾经在一档综艺节目里，谈到自己的原生家庭，讲述了令她心碎的家事，特别是母亲对她的伤害。父母在她很小的时候就离婚了，母亲独自照顾她和妹妹。妹妹不幸溺亡后，过度的悲伤让母亲性情大变，如果她有什么事做得不好，母亲就会破口大骂，甚至说出"你应该替妹妹去死"这样的话。这位女演员在讲述这些陈年往事时，依然忍不住伤心落泪，可见母亲当年的语言暴力，给她内心留下了多么深的伤痛。

青春期孩子更在意情绪，而非内容，因此，父母和老师在指导孩子的时候，要最大程度地控制好自己的负面情绪。生气时的怒容和吼叫，会清晰地留存在孩子的记忆中，长期刺伤他们的心，挫伤他们的自尊心，甚至导致亲子之间的疏离和对抗。不仅如此，面对暴跳如雷的父母、歇斯底里的怒骂，孩子们耳濡目染，很容易养成与父母一样粗鲁的语言习惯。都说负面的东西传播得更快，父母发脾气的方式，在孩子身上也很容易看到。

我相信一定会有父母说，这些道理其实都明白，给别人分析起来也头头是道，可就是做不到啊，跟孩子谈话时，经常无法控制自己的怒火。这是因为在孩子青春期到来的时候，父母也往往迎来了波涛汹涌的更年期。当青春期遇上更年期，情绪失控往往是引发冲突的导火索。一位母亲曾经讲过一段令人哭笑不得的经历——在孩子大喊大叫发脾气的时候，母亲也跟着大喊大叫："你是青春期了不起吗？我还是更年期呢！"

青春期子女和更年期父母，都处在体内荷尔蒙急剧变化的特殊时期，难以有效地调节情绪。孩子们可能不知道，处在更年期的父母也像半大孩子一样，容易多愁善感，烦躁不安，面对爱发脾气、听不进话的孩子，他们很难做到总是和颜悦色。

为人父母，大概都体会过这样突如其来的震惊吧：有一天孩子居然喊叫着顶撞自己！想必那一瞬间，父母一定感觉受到了巨大的冲击，因为在父母眼中，他们明明还是小孩儿啊！孩子们大概也会对自己的初次顶撞感到难以置信吧？通常情况下，受到顶撞的父母会更加控制不住情绪，怒火像炮弹一样爆炸在孩子身上，让孩子受到更强烈的冲击。如果这样恶性循环下去，父母和子女就会反复对彼此恶语相向。

在青春期和更年期的对峙中，什么样的情况最难控制情绪是很难判断的。但显而易见的事实是，情绪和情绪的碰撞，对双方来说都是致命的。更年期父母的不容易，不亚于青春期的孩子。父母本以为自己还很年轻，直到有一天猛然发现，孩子已经长大到了敢于顶撞自己的年纪，才意识到自己已经不再年轻，仿佛往后的人生只剩下坡路，内心会产生巨大的失落感。

失落归失落，毋庸置疑的是，对父母来说，这个气人的家伙是世界上最珍贵的存在。人生天地间，没有比把缩小版的自己一天天培养长大更有意义的事情了。当父母因为孩子不听话快要疯掉的时候，想象一下他们长大后帅气的模样吧，尽快让自己的情绪平复下来。

曦允老师的知心话 💬

"真不知道为什么要生你！"父母们气急了的时候，这样的话难免会脱口而出。

调查数据显示，从父母那里听到过这种话的孩子，有不少在成年以后不知道自己为什么活着，甚至想过自杀。可见，作为父母，无论多么生气，都得管住自己的嘴，不要让那些伤害孩子的话像脱缰的野马一样冲出来。否定一个人存在的价值，是所有不该说的话中杀伤力最大的，会严重损伤孩子的自尊感。想要恢复自尊感，则需要很长很长的时间，加上很多很多的努力，有些人一生都在艰难地治疗着青少年时期的创伤。另外，长期生活在父母语言暴力中的孩子，也会成为一个习惯说粗话的人。所以，父母一定要努力管理好自己的语言，怒火中烧的时候，防止语言里的火花灼伤孩子的心。暂时停下来，闭口不言，也不失为一个好方法。请记住，父母说出的话顺耳，孩子的回答才会好听。火，只能引燃更大的火。

第 23 课

父母要先管理好情绪

很多时候，吵架的原因，不是谈话内容引发了争执，而是对方的态度让人生气，双方谁也没好气，唇枪舌剑演变成大吵一架。当两个人都处于非常情绪化的状态时，吵架就成了必然的事。

人在情绪激动的时候，通常负面情绪会掌控大脑，很难进行理性的思考。平时认为没必要说的话，可能就会说出来，那些绝对不能说的、被视为禁忌的话，也会肆无忌惮地冒出来。无理性状态会让语言的"过滤原则"完全丧失作用。

解决情绪激动最好的方法，是以客观的态度看待激动的情绪。虽然人眼无法看见情绪，但可以想象它以某种形式存在，比如，"愤怒"是一团噼啪作响的火焰，"憎恨"是一团乌黑呛人的浓烟等。我们要把这些可怕的东西从心里拿出去，丢到外面，看着它渐渐熄灭，直至消失得无影无踪。

说实话，想要熄灭在与学生们当面锣对面鼓地舌战时升腾的怒火，可真不是一件容易的事，特别是面对那些无理取闹的学生时。

上学期，我临时负责管理学校的体育俱乐部。那时候，我没给三年级的学生上过课，对三年级的学生不太了解，也没有特意和他们建立起友好关系，就以这样的状态开始任课了。有一天上课的时候，有个孩子没完没了地在那里自拍。看到这种情景，我下意识地大声喊道："现在是自拍时间吗？"话音刚落，一个女孩就大声回答："是——"阴阳怪气的语调中，藏着"她已做好战斗准备"的微妙信息。

当惊愕和愤怒像海啸一般向我心头席卷而来的瞬间，我内心的声音是：如果我不给他们点颜色看看，而是软弱无力地退让，老师的权威会不会受损？但转念一想，在目前这种情况下，生气毫无意义，还不如后退一步。短暂地思考之后，理智告诉我：冲动的学生和愤怒的老师正面冲突，只会对彼此造成伤害。于是我沉着地对学生说："这件事情下课以后再说。"一句话结束了即将发生的冲突。

在跟学生们打交道的过程中，我总结：谈话中一旦情绪变得激动起来，最好暂时停止说话。人在激愤状态下，很容易口不择言，极端侮辱性的语言都有可能说出来，甚至酿成语言暴力事件。这样一来，师生之间的关系就会彻底被破坏，达到难以修复的程度。因此，老师们在交谈中，要注意观照自己的情绪，发现负面情绪生起的苗头，立刻采取措施进行调整，或者转换话题回避冲突，或者委婉地中断对话，等待情绪平复。当可以再次理性思考时，我们也许会在一定程度上理解学生，并创造性地找到教育学生的有效方法。

在家庭中也是如此。父母被孩子气得无计可施的时候，情急之下，可能会喊出"你给我滚"这样的话。这句话的潜台词是："你住在我的房子里，就得听我的。"这或许是父母让叛逆的孩子屈服的最后手段，可是孩子听到这句话，会感觉自己是一个"合同期限未满就要被赶出去的租客"。确实有一些孩子因为父母说出"你给我滚"的话而离家出走了——他们被这句愤怒的话蒙蔽了视听，悲观、绝望的情绪使他们什么都想不起来、看不见了，脑子里只有一个念头：爸爸妈妈不要我了……

离家出走这件事有一个可谓"神奇"的特点：有从未离家出走过的孩子，而没有只离家出走一次的孩子。这句话告诉我们，不让第一次离家出走发生多么重要。父母的愤怒、失望、辱骂，加上"你给我滚"这样的"命令"，确实等同于给孩子提供了离家出走的借口。父母再怎么生气，"你给我滚"都是绝不能说的话。这句话出口的瞬间，孩子们的"逃离"就已经开始。

孩子们其实也常常有苦难言——我刚要学习，妈妈就嚷嚷我"为什么不学习"，一听这话，我当时就气得不想学习了。大人们会把这样的话理解成孩子的狡辩，实际上，这句话很多时候是真的。孩子们本来很有兴致，打算过一小会儿就开始学习，但父母的唠叨和抱怨，让他们一下子失去了干劲。所以，在教育孩子的时候，父母需要格外有耐心，多给他们一点时间，不要一看到孩子没学习，就让抱怨的话脱口而出。

事实证明，没有哪个孩子是听话的。都说 4 岁和 7 岁的孩子讨人嫌，因为他们不听话；小学四年级进入人生的青春期，又不听话；初二时会得"中二病"，更不听话。如果父母们接受"孩子本来就不听话"这一事实，降低期望值，就能减少失望。自己做好心理建设，就不会因为孩子不听话而气血冲头了。而要是有一个听话的孩子，真是一件值得感恩的事情了。

《孩子的问题都是父母的问题》一书的作者包丰源说："教育子女就是管理情绪。"孩子还小，难以自律，缺乏理解大人的能力。孩子的行为可能无法满足父母的期待，甚至可能是错误的。如果希望孩子懂事，父母就要学会控制自己的情绪，涵养耐心，同时培养孩子平和的性格。

人在情绪激动的时候，通常会侧重表达自己有多气愤，真正需要传达的信息却没有传达出去。父母们在这个方面也应该提起注意，即使在火冒三丈的情况下，也要说该说的，而不是说想说的。

生气的时候，不是不可以发火，关键是如何发火才能让孩子心悦诚服地接受自己的建议——哪怕是发火，也是为了更好地帮助孩子，而不是拿孩子发泄情绪。

发火是教育手段，而不是目的，真正的教育要在情绪平复到能有条理地说明自己为什么生气、能转换到孩子的角度看待问题时，再以对话的形式进行。双方情绪已然非常激动，父母还试图把谈话进行到底，如同把刹车失灵的汽车推向下坡路。一般情况下，亲子之间谈话的主动权掌握在父母手里，当双方的情绪状态已经不再适合继续下去时，请父母一定要果断暂停，静静地等待理智回归，再把孩子引导到平等交流的对话桌前。

曦允老师的知心话

即便孩子的行为常常令你不满意，也不要动不动就生气。在适当的时候适度地发脾气，孩子会认为你是有原则而且讲道理的家长。每一位家长都应该不断思考和总结，如何正确地向孩子表达自己的情绪。

生气并不总是消极行为，把火气发泄出去，有助于及时消除累积在胸中的负面情绪，也有助于快速指导孩子改正错误。不要一味地强忍怒火，制造疾病。能有效地掌控自己的情绪是最好的，但如果做不到，也应该学会尽快地调整情绪，不是爆发，也不是强压，而是让情绪消失。同时要学习与子女沟通的技巧，让自己成为偶尔也发发脾气但又很有威严的家长。

第24课

和妈妈说不通

2014年韩国青少年综合实况调查显示，与父母沟通时间多的孩子幸福感更强。与父母沟通越多，孩子的心理压力越小，离家出走的冲动可能性越低，幸福感就越高。此调查的另一项数据显示，年龄越大的孩子，与父母聊天的时间越少，心理压力越大，离家出走的冲动也越强，幸福感也越低。

这项调查结果启示我们，父母和子女的沟通实在是太重要了。然而青春期的孩子往往已经给心门上了闩，拒绝和父母深度沟通。

青春期的孩子和父母沟通不畅的主要原因有两个：一是话题有问题，二是方式有问题。父母想和孩子谈的就是学习，起—承—转—合，父母无论怎样变换谈话的形式，内容除了学习还是学习，孩子自然不愿意和父母多聊。如果孩子提起异性朋友的话题，父母会立刻责问："上学期间就交男（女）朋友怎么能行呢？"孩子提起自己的兴趣爱好，父母会说："现在先好好学习吧，兴趣爱好上大学以后再培养也不迟。"像这样老生常谈、完全可以预测的谈话，只会让孩子觉得无聊。他们会不愿意参与谈话，找各种理由避开父母。

让我们再来看看对话的方式是怎样的。所谓对话，是双方相互交替担任"说话者"和"倾听者"，相互交换意见的行为。然而实际的情况是，父母不是跟子女交替担任"说话者"和"倾听者"，而是自己单方面发表意见。如果父母坚持以这样的方式与子女谈话，结果只能适得其反。

"和妈妈根本说不通！"

"反正爸爸也不会听我的！"

孩子们经常会这样抱怨。对话明明应该是"听""说"双方一半对一半交替进行，但父母一方总是说八成以上，难怪孩子们会把心门关闭。如何敲开孩子们封闭的心灵呢？

首要的是，日常要经常和孩子聊天，亲子关系才会变得亲近。很多父母认为，跟孩子谈话应该有意义而且有分量，比如进行情绪指导、学习建议之类的谈话。一般来说，探讨这样的话题需要较长时间，30分钟~1小时比较合适，而且需要亲子双方真诚对话。但是一开始就进行这样的谈话并不容易，孩子可能跟父母没有话说。为了让孩子放松，卸下心中的戒备，父母不妨把谈话变成闲聊，从日常的琐事开始。没有正式议题的闲聊，最容易说出真心话，也最容易说出心底的话。不要专门拿出一段时间正正经经地交谈，而是倚在沙发上边吃橘子边聊，说说对新闻或者电视剧的看法，或是在超市里边选购东西边聊，互相说说喜欢什么不喜欢什么……闲聊随时随地都可以进行，身边拉拉杂杂的事情都可以作为话题。

起初孩子们可能会觉得这样的闲聊挺没劲的，但如果每天都聊一聊，孩子就会越来越愿意参与，愿意发表自己的看法。通过轻松的聊天，孩子会逐渐解除"武装"，在不知不觉中说出隐藏于内心深处的真挚话语。这时候父母千万不要表示惊讶，或者断然拒绝。"哦，原来是这样啊。"父母只要像这样给出简短的回应即可，倾听孩子的心声才是最重要的。

可惜的是，很多父母的反应都让孩子在敞开心门的那一刻后悔了——

"真的？你为什么要这么做？"

听到父母的这句话，孩子立刻意识到，谴责的匕首将会接二连三地飞来，而且他们会为自己徒然打开心门而深深自责。所以，父母一定要格外注意，为了不让好不容易说出心里话的孩子产生后悔和挫败的情绪，千万不要做出这样的反应。

在注重日常对话的家庭中，比较通用的方法是"饭桌旁交谈"。饭桌旁交谈，顾名思义，就是一家人围坐在饭桌旁边，一边吃饭，一边聊天。事实上，韩国人不习惯在饭桌上聊天，因为大多数人从小就受到"吃饭时不要说话"的教育。但现代人的生活紧张忙碌，一起吃饭是最自然的一家人团聚的方式。因此，一家人围坐在桌旁边吃边聊，也成为越来越多家庭沟通情感的重要方式了。

对于某些家庭来说，即使知道饭桌旁交谈的重要性，也很难做到。要真正落实下来，家人之间需要共同约定，在早晨、晚上或者周末的某个时间，全家人一定要聚在一起吃饭，愉快地聊天。约翰·F.肯尼迪的母亲总是让孩子们在早餐前阅读《纽约时报》的主要报道，吃饭时进行讨论。

刚开始尝试饭桌前交谈的家庭，没有必要像肯尼迪家那样严肃认真，大人和孩子只要随意分享日常生活中的所见所闻，对特定的话题简单发表意见就可以了。

如果不具备面对面聊天的条件，也可以通过社交软件、电话、写信等多种方式进行交流。我青春期的时候，和妈妈也常有争执，我习惯通过写信、发短信的方式向妈妈表达歉意。如果父母养成了与孩子聊家常的习惯，那么心意相通的深度交流就会自然地慢慢展开。

曦允老师的知心话

聊家常真的很神奇——聊得越多，话题就越多，经常通话的两个人，不光通话时有话说，见面也有话说。如果你想和你的孩子深度沟通，不要试图从一开始就进行对严肃话题的探讨。以日常生活中的琐事为话题，经常随意聊聊，自然会迎来孩子分享人生苦恼的真挚的对话时刻。

#内心探访③

曦允老师提问，杰烈回答

#领导力 #锻炼身体 #后悔的事 #兄妹关系 #榜样

李杰烈：老师好！我是学生会主席李杰烈。

曦允老师：杰烈你好！你在学生会担任主席职务，工作开展得很好，大伙都说你很有领导力。你认为什么是"领导力"？

李杰烈：我认为，"领导力"是领导者率先垂范，引导团队成员一致行动，共同完成工作的能力。

曦允老师：领导者率先垂范，团队成员就会跟随吗？在你领导学生会的过程中，一定也遇到过不少困难吧？

李杰烈：嗯，是的，学生会的工作千头万绪，有些事情并不像想象中那么容易解决。另外，学生会的经费也得有计划地使用，但是这方面我们好像没做到，（笑）感觉跟经费有关系的事情总是有点难……

曦允老师：是啊。不是所有的事情都能按计划进行。你现在也马上毕业了,想给学弟学妹们什么建议呢?

李杰烈:说实话,我体力比较差,很容易疲劳,学习的时候常常感觉力不从心。学弟学妹们最好多运动,提前开始锻炼身体。学习方面嘛,我觉得最重要的是课堂上集中精力认真听讲,不要打瞌睡,这是最基本的。当然,在家也要好好复习,去补习班有时候也很有必要……啊,如果可以的话,最好能谈个恋爱。(笑)从小就开始练习谈恋爱,对以后结婚会有帮助吧?不过这一点我不太确定啊,因为我还没试过……

曦允老师:(笑)你让学弟学妹们从初中开始就练习谈恋爱,这个想法太新潮了!杰烈,到现在为止,你最后悔的事情是什么?

李杰烈:嗯……我后悔中途放弃学习珠心算。我在珠心算资格证考试中获得过两次全国第一名。如果一直学下去,应该会取得更好的成绩,但是中间有一段时间,每天要做很多计算练习,又难又无聊,我没坚持住,就放弃了。如果能够回到从前,即使真的很难很无聊,我也会咬牙挺住,绝不放弃。

曦允老师:听起来确实很可惜啊!杰烈你经历过"中二病"吗?

李杰烈:老实说,我觉得我没有特别经历过"中二病",没有明显对父母逆反过,但是我和妹妹关系不太好,经常惹父母不开心。

曦允老师:是吗?你和妹妹主要因为什么事吵架?

李杰烈：我努力把自己的事情做好，不让父母操心，但是妹妹很挑剔，爱磨人。作为哥哥，我想纠正她，可是每次说着说着，就变成了吵架。我俩就差一岁，妹妹可能觉得我好欺负，经常跟我吵架。

曦允老师：是这样啊。那你有什么要感谢妹妹的吗？

李杰烈：其实妹妹也有值得我学习的地方。我的零花钱总是随便花，妹妹很会储蓄，很省钱。我没钱的时候，妹妹还会帮我。在这一点上，我很感谢她，也觉得她很了不起。

曦允老师：没错，人都有缺点，也都有优点。你也会多看妹妹的优点对不对？你们俩现在吵吵闹闹，长大以后自然会相互理解的。下一个问题，我们杰烈今后想成为一个什么样的人呢？

李杰烈：我想成为"别人睡觉时依然醒着的人"，勤奋学习、努力实现自己梦想的人。

曦允老师：别人睡觉时依然醒着的人？我们杰烈太帅了！最后，请你对本书的读者说一句话吧！

李杰烈：我想说的是，我的榜样是我的父亲和母亲，这一点令我很自豪。我身边有很多朋友都是以父母为榜样的，所以我想对阅读这本书的父母们说，请务必记住，子女是以父母为榜样的，这是事实。

孩子在想什么，我完全不知道……

第四章

完全无法理解孩子的心

［内心教练篇］

第 25 课

你知道孩子对什么感兴趣吗

每到新学期,我就能看到孩子们填写的"梦想"。我发现,有不少在老师们看来应该怀揣着梦想的孩子却什么也没填。另外,孩子们填写的梦想每年都在变化——这其实是好事,至少说明他们在积极地对自己的前途进行思考和探索。

孩子们热衷于某些活动,热切地关注某一领域,都是特别好的事情,从中可以发现他们在这些方面深入发展的可能性。近年来,课外的创意体验活动和校内的课后兴趣班越来越受到家长们的好评。我国女子冰壶国家队选手们的经历,引发了家长们对课外兴趣培养的热捧。她们读高中期间,参加了学校的冰壶运动兴趣班,后被选拔为国家队队员,还夺得了奥运会的奖牌。她们的成功使很多人坚信,孩子们在学校参加的课外兴趣活动,直接造就了他们的梦想。学生时代的兴趣很有可能就是他们未来的志向。

有一天早会时间，我在指导学生打扫卫生时，发现了一只奄奄一息的小猫。它可能刚出生就被猫妈妈抛弃了，此刻正蜷缩在冰冷的水泥管里苟延残喘。我想救它，可是我不懂应该怎么弄，只能无可奈何地搓着手。这时，我忽然想起了每天都精心照顾学校附近流浪猫的妍美同学。我想："妍美在的话，也许能救活这个可怜的小东西！"于是我赶紧让一个孩子跑去叫她。

妍美来了，她仔细地看了看小猫，立刻请围观的同学帮忙去找装着热水的瓶子和热的罐装咖啡，并让我去找注射器。很快，需要的东西都找来了。妍美把热乎乎的瓶罐紧贴在小猫身体两侧放好，帮助小猫升高体温；用注射器小心地除去小猫嘴里的泥沙，又一滴一滴地给小猫喂了点水。然后她轻柔地揉搓小猫的肚子，帮它排了便。在妍美有条不紊的救治下，这个濒临死亡的小生命得救了。

我被妍美天使一般的模样感动得直想流泪。原先我只是觉得这个孩子喜欢猫，经常给附近的流浪猫喂食，是个很有爱心的孩子。今天看到她熟练救治小猫的过程，我发现，妍美关于猫的知识非常渊博，简直可以当"猫医生"了。

孩子们感兴趣的事物中藏着他们的未来。比如说，喜欢动物的孩子，可能会把与动物相关的职业作为自己的理想；喜欢漫画的孩子，可能梦想着长大成为漫画家。孩子们对什么感兴趣，如果大大方方地说出来，让很多人知道，是非常好的，这不仅意味着他们宣告自己"要立志将爱好变为梦想"，也意味着孩子们正式向父母发出了"支持我的梦想"的请求。

我总是努力记住学生们喜欢什么，想要什么。我知道有个学生非常喜欢一位明星，就把那位明星代言的一款限量版产品作为礼物送给了他。虽说是只值1000多块钱（约合人民币10元。——译者注）的小礼物，但他非常珍惜。

青春期的孩子非常重视"认同感"。学生看到老师购买了自己喜欢的明星代言的产品，并且送给自己一款限量版产品，会感到老师是和自己心灵相通的人。我觉得，了解和探讨学生感兴趣的事情，是师生之间建立良好关系的顶级秘诀。

我是在去年认识妍美的，在我们还没有发现共同的兴趣点之前，我们的关系仅仅是认识而已。一次聊天中，我发现我俩有一个共同的爱好——救护动物，就觉得彼此的心靠近了。分享救护动物的故事，自然而然地成了我俩最喜欢的话题。聊过几次之后，我俩就像心意相通的好朋友一样，亲近而且互相珍惜了。其实，父母和孩子之间也是一样，应该培养至少一个共同的兴趣点。

举例来说。如果孩子喜欢拼装高达模型，父母不妨也参与进来，跟孩子一起拼，孩子一定会因为跟父母一起玩而更加兴致盎然，家庭气氛也会变得更加温馨和谐。还有，为同一支运动队加油，也是一个值得培养的兴趣点。一家人一起去看比赛，一起吃好吃的，互相评论选手的表现，拉起手大声喊"加油"，一家人的心此刻紧紧地凝聚在一起,多幸福啊!另外,在观赛中引导孩子找到自己的榜样,学习队员们团结合作的精神,都是非常好的教育方法。

值得注意的是,青春期的孩子可能不愿意跟别人分享自己感兴趣的事情。在他们看来,这跟允许外人进入自己的领地差不多,会带来不安全感。为了得到孩子的信任,我认为,父母有必要跟孩子坦率地分享自己感兴趣的事情。

无论大人们信还是不信,青春期孩子最感兴趣的事情中包含"性"。大人们往往不愿意承认这一点,因为他们担心讨论这方面话题,会给孩子带来更大的刺激。

其实这是错误的想法。现在的孩子们,即使大人们闭口不言,他们也已经知道了很多跟性有关的信息,包括性行为的术语或体位等,没准儿比成年人知道的还多。父母对孩子进行的性教育,远远跟不上孩子了解的速度。

听说有高中生盗用父母的身份证号码注册了色情网站,还把里面的内容转发给了全班同学。大人们一定会觉得高中生做这种事实在太过分了,但实际上这种程度还只能算是"小巫"。有一天,我在家附近的便利店里,听见三三两两聚在一起吃泡面的小学生在聊天,他们的对话简直惊掉了我的下巴——

"这两天你看黄片了吗?"

"当然看了!现在还有不看黄片的人吗?怕都是傻子吧。"

看样子顶多不过三四年级的小学生,居然会公然讨论这种事，真是太令人震惊了！虽说看色情片不犯罪，但如果孩子们只是通过看色情片了解和学习性行为，就会对性行为产生误解和偏见。另外，偷拍形式的色情片很可能是某个性犯罪受害者的影像，这类视频的传播会给当事人带来巨大的伤害，因此，父母一定要对孩子及时进行正确的性教育。

近两年来，随着自媒体用户的大量增加，以获得点击量为目的偷拍或发布"复仇式"色情片的犯罪行为越来越多。因此，对于青少年，父母不光需要对其进行保护自己的性教育，还要进行不侵犯他人的性教育，两者同样不可忽视。

青春期的孩子们表面上说没有什么特别想做的事情，但实际上对性、明星、钱、政治等方面都颇为关注。如果父母能够采用正确的方式，和孩子探讨这些关注点，一定能跟他们形成亲密的关系，进而发现他们的兴趣、特长以及职业能力倾向等方面有价值的信息。

曦允老师的知心话

你担心孩子追星吗？

青春期的孩子追星是很正常的现象，父母不必太担心，而且这种热情会随着时间的推移慢慢降低直至消失。孩子只要不是过度追星，家长不妨允许他们享受这份乐趣。也有明星曾经说过，是他的偶像告诉他要认真学习，他才学习的，这不是玩笑，是真的。还有一些人，在学生时代热衷追星，创作了粉丝小说（Fan Fiction，以某明星为主角的假想小说），长大以后成了作家。希望父母能多多关注孩子们的关注点,哪怕是追星,也要有智慧地利用孩子们"崇拜偶像"的特点,发挥偶像独特的教育作用,帮助孩子成长进步。

第26课

你开始对孩子进行性教育了吗

最近由于雾霾加重,学校安装了空气净化器,放在教室的前面。孩子们对这个新物件很好奇,过去过来都会多看几眼。可是孩子们只要在教室里跑动几下,它马上就亮起红灯报警,真不知道这些淘气的孩子们能不能受得了空气净化器的约束。而且每日的开机、关机、管理也成了一项任务。

有一天我让前排的一个男生打开空气净化器,让他把躺着的机器顶部立起来。他走过去,两手搭在空气净化器两边,揉搓抚摸,嘴里还阴阳怪气地说着:"快起来,快起来呀!"看到他这副模样,一些男同学都嗤嗤地笑起来,不知道在联想什么。刚开始我还不知道是怎么回事,又看了那个男生一眼,才忽然明白了他在搞什么怪,一时竟然不知所措。

青春期的孩子们不仅对"性"有着很高的关注度,而且把性行为当成一种玩笑,特别是男同学们,在未婚的女老师面前也毫无顾忌。有些家伙用诡异的动作抚摸学校后院枝头上的茄子，还有些家伙在社会课上高喊"Orgasme"（性高潮）来代替回答"Organic"（有机的）。他们的某些行为可能已经属于性骚扰的范畴，但青春期的孩子们大多没有这个概念。

大部分人认为，孩子们进入青春期以后，学校和家庭有必要对他们进行性教育。事实上，从青春期才开始进行性教育已经晚了，跟青春期的孩子们已经可以言及一些实质性的性问题了。广义上的性教育开始的时间应该远早于青春期，最好从精神分析学家弗洛伊德所说的性器期（3~6岁）开始。小孩子们在这个时期如果形成错误的性概念，就会形成各种跟性有关的情结。比如，小男孩对母亲怀有爱意、将父亲视为竞争对手的"恋母情结"，小女孩渴望拥有跟男孩子一样的性器官的"阴茎嫉妒"，把自己跟同样没有男性性器的母亲等同起来的"恋父情结"，等等。

弗洛伊德认为，性发育在性器期（3~6岁）快速进行，在生殖期（11岁以后）爆发性发展。他的性格发展理论至今对我们仍有很多启示，但我认为应该对潜伏期（6~11岁）的性发育特点进行重新评估。弗洛伊德将6~11岁这一阶段命名为潜伏期，认为这一阶段儿童的性能量没有贮存在掌管性冲动的器官中，所以处于平稳的状态，性冲动暂时处于蛰伏状态。

随着现代人营养状况的改善和文明进程的加快，这个潜伏期已经明显缩短了。这个年龄段的孩子们一般在读小学，本来应该是最在意"男女有别"的阶段，每天只是跟同性朋友们跑进跑出地玩闹。但现在情况明显不同了，小学生也或主动或被动地接触到了色情片，对性的关注被提前激发出来了。各种各样的媒体盲目曝光的成人内容，对孩子们产生了很大的影响。小学生偷拍妈妈并将视频上传到视频网站上的事情已经屡见不鲜。因此，有必要对处在潜伏期的小学生开始正式的性教育。

有一次，我偶然看到德国的一本性教育画册，也可能是教科书，内心受到了很大震动。那是一本以3岁小孩为对象的画册，形象地描绘了卵子和精子的结合，详细地讲述了从男女相爱到婴儿诞生的过程。在韩国，这样的知识通常到孩子们读了小学才会接触到。后来我又看了德国以小学生为对象的性教育用书，其直白的程度，在韩国怕是到了初高中也达不到。韩国的性开放度不高，但是欧美国家大多会赤裸裸地给孩子们宣传正确的性知识。

德国的教科书甚至包含性关系体位、避孕方法等实质性的性教育内容。据说在日本，随着年级的升高，学校也会教学生包括性关系的过程、生殖器的名称和功能、避孕套的使用方法在内的具体内容。我认为，韩国的性教育也应该逐渐朝着正确的方向发展。孩子们对性充满了好奇，大人们却躲躲闪闪不告诉他们，很多孩子跟同龄人学到了错误的知识，甚至是看着色情片胡乱地模仿。

既然无法强制禁绝色情片，就有必要认识到色情片存在的问题。色情片通常无视性关系发生的原因，只是单一地将焦点放在性行为上。性关系本来是男女之间由于深深相爱而发生的爱情行为，色情片则是把性关系解读为"发泄性欲的过程"，这会加深人们，特别是青少年对性的错误认识。相比色情片，爱情片更适合作为青少年性教育的教材，要让他们明白，性爱是两个人的爱意达到顶峰时，自然发生的神圣行为。

近年来，还有一个跟性有关系的问题，在社会上造成了严重的不良影响，那就是色情复仇。色情复仇是指将前任交往对象的私密照片或视频发布到网上，以达到报复对方的目的。过去也曾有艺人因为复仇式色情片，而被迫中断了演艺生涯。复仇式色情片传播得很快，杀伤力巨大，对女性的伤害尤为严重，社会影响极差。一度有国民请愿，要求加大对复仇式色情片传播的打击力度。

学校和家庭有必要通过教育，让青春期的孩子们认识到制作、传播复仇式色情片是犯罪行为，同时，也要防止自己成为色情复仇的受害者。性行为本是男女之间隐秘的私事，但孩子们常常毫无拘束，因此，要让他们懂得，两个人再怎么信誓旦旦地相互承诺，亲密行为也要区分时间和地点。另外，向所谓好朋友公开相关影像也是不可取的。

孩子们的第一次越来越早了。家长与其强力禁止孩子发生性行为，不如有理有据地解释清楚，为什么青春期不适宜发生性行为。青春期女生身体还没有发育完全，月经周期也不规律，母亲还需要给孩子灌输避孕的意识，并教会她们相关的知识。

随着时代的发展，性教育也在发生变化。以前的社会舆论总是倾向教育女孩子，遭遇强奸时应该激烈抵抗。但是大多数激烈抵抗的女孩子，并没有避免被强奸，反而遭受了更为严重的暴力伤害，甚至被杀。没有什么比生命更重要。现在的大人们会告诉孩子，万一不幸遇到这种情况，最重要的是保护自己的生命安全，不要抵抗，尽快报警，配合警方提取犯罪分子的体液。虽然出了这种事一定非常痛苦，但这依然是损失最小的应对方案。

性问题跟孩子们的健康和生活直接相关，宫颈癌疫苗也是在女孩子没有性经验的时候打效果最好。为了青少年能够拥有性自主权，我们迫切需要学校和家庭对他们进行"珍视自己和他人"的健康的性教育。

曦允老师的知心话

学校曾经在学生中开展了有关预防艾滋病的宣传教育。讲师把阴茎模型的视频播放给学生们看，并教给他们正确使用避孕套的方法。通常情况下，会场有超过100名的学生时就会闹哄哄的，但是这一次，孩子们都听得非常专心，可见孩子们希望得到正确的性知识。连平时上课从不问问题的学生，也在下课后积极地向讲师提问"被蚊子叮了会不会染上艾滋病""哪里可以进行艾滋病检查"等。

我认为，对青春期的孩子们来说，最重要的性教育是：性不是肮脏的，也不是可笑的，性是人类最自然的欲望，是非常神圣的。我希望孩子们以后可以不用通过在背地里观看淫秽录像来接受性教育，系统、健康的性教育，能在学校和家庭教育中占有一席之地。

第 27 课

被父母认可的孩子会得到全世界的认可

2017年对我来说是非常艰难但有意义的一年。那一年我担任了初中二年级的班主任,还负责学校的社团活动展示会。10月,我的工作堆积如山。我是一个典型的"强迫症"患者,在那些可以随便应付一下的事情上,我也特别认真细致,还因此被上级领导批评过一次。得益于我认真的工作态度,社团活动展示会举办得非常成功。

"今年的展示会真的很有意思!"

"张老师的工作热情,我非常认可!"

虽然筹备展示会的过程非常辛苦,但得到领导和同事们的认可,我的自尊感迅速提升了。我认为,无论做什么事,成为被认可的人还是不被认可的人,这一点有很大区别,决定着一个人在人群中的影响力。

我的这个观点对孩子们来说是否适用呢?想弄清楚这个问

题，首先要知道，孩子们最希望得到谁的认可呢？当然是老师和父母的。除了朋友，老师和父母就是孩子最重要的人。被人认可意味着赢得了对方的心，只要得到老师和父母的认可，孩子们就能感受到快乐和幸福。

"称赞"和"认可"看起来差不多，其实是有区别的。如果说"称赞"是对做得好的行为给予积极的反馈，"认可"则是对一个人能力、态度、个性等固有特征的认同。"称赞"可以帮助孩子树立信心，但想要提高孩子的自尊感，则需要父母的"认可"。

《你不能伤害我》的作者鲍威尔·巴尔德茨基特别重视"认可"的重要意义。他说，自我价值得到认可和尊重，是人的基本需求，小孩子也希望得到认可，这是非常自然的。从孩子的立场来看，他们最想得到父母的爱和认可。

他还指出了不被认可的孩子长大成人后会遇到的问题。无论孩子怎么努力，都无法满足父母的高度期待，孩子就会认为自己只能让父母失望。孩子在自尊感方面没有安全感，会更加执着于得到别人的认可，执着于取得事业成功，获得更高的社会地位——因为这样的成就会让他们产生"得到了社会认可"的错觉。

那些从小被父母认可的人，对自己的评价则不会完全依赖于别人的认可，因为他们从父母那里得到的已经够充分了，他们的自尊感已经完全树立起来了。

我从很小的时候，就得到了父母的认可，他们认为我是个诚实而又努力的孩子。可能是因为父母的认可是细水长流地反馈给我的，所以我并没有特别明显的感受，最令我难忘的、因为受到认可而感动的瞬间，是初三的时候的班主任老师给予我的。我们中学每年都举行品德模范表彰，那年我第一次获得了守法模范奖。班主任老师把我叫到办公室，对我说："曦允啊，很多同学都推荐你，说你最应该得守法模范奖，所以我觉得有一个很好的孩子来到了我们班，非常感谢你在我们班。"

那一刻，老师的话让我感到自己坚守诚实的品行得到了认可，我内心非常感动："这个世界上至少有一个人认同我！"老师的话语像火炉一样温暖了我的心，那一刻，我暗暗地下定决心，以后也要做一个诚实守信的人。直到几十年后的今天，老师的话我依然记忆犹新。有时候我会给学生们讲起这个故事，每次讲起我都会热泪盈眶。现在，我也在努力把自己那时得到的认可传递给我的学生们。

即使是一个小小的认可，也会让孩子内心中的存在感和自豪感油然而生，让他们马上改变。父母认可孩子，不仅要看到他们取得的成果，更要看到他们背后付出的努力。

从各行各业成功人士的事例来看，在社会上取得成功的人，无一不是深受父母认可的人。在不为人知、没有鲜花和掌声的时候，父母给予他们最大的认可、鼓励和支持，这成为他们坚强的后盾。

韩国曾经是花样滑冰的"不毛之地",为什么能出现"花滑女王"金妍儿呢?是因为金妍儿的母亲率先发现并认定,女儿具备从事花滑运动的天分,具有与众不同的能力,如果加以培养,一定能够成功。为了成就女儿,她的母亲不惜付出任何代价。

认可不仅仅是"肯定对方有能力做某事",也包含着"接受对方的与众不同"的意味。"肯定"和"接受"是认可的两大核心要素。相比于称赞,认可是更高层面的教育方法。充分认可孩子独特的个性以及其所具备的能力,孩子一定会在属于自己的舞台上展现出更加精彩的舞姿。

曦允老师的知心话

人本主义心理学家马斯洛将人类的需求分为五个层次,分别是:生理需求、安全需求、爱和归属需求、尊重需求和自我实现需求。

我们应该更多地关注第四层次的"尊重需求",因为每个人都希望得到他人的认可。人在衣食住行等基本生理需求得到满足后,就会追求爱,追求被尊重,这是人的本性。只有满足了被人尊重和认可的需求,人才能达到最高层次的"自我实现"。

被父母认可的孩子们无论在哪里,都会被人认可,因为他们已经一定程度上满足了"尊重需求",就会走上追求"自我实"

现"的道路。身为父母,要想把孩子培养成"大器",首先要有认可孩子的习惯。"我想你会做得很好""你果然做得很好""这段时间你辛苦了",请父母们千万不要吝惜这样的肯定和鼓励,拍拍孩子的背,亲切地告诉孩子吧!要相信,孩子一定会因为感受到父母的认可而信心百倍,勇往直前。

第 28 课

如何提升孩子的自尊感

人与人之间必须相互尊重。人在受到尊重时，内心会生起感动，青春期的孩子们更是这样。当他们感觉到自己是被父母、老师尊重的孩子时，会非常感动。反之，他们要是觉得自己被忽视了，就会表现出"破罐子破摔"的叛逆之举。

父母当然更需要得到孩子的尊重。想要得到孩子的尊重，父母应该首先尊重孩子。尊重孩子，不仅表现在不要过度干涉孩子的事情上，更重要的是，不要拿自家孩子跟别人家孩子做比较，要接受孩子本来的样子，而不是要求孩子必须成为家长理想中的样子。我之所以能够如此言之凿凿，是因为我曾经有过因不够尊重学生而犯错的经历。

那是几年前我在横城人才培养中心当老师时发生的事。那所学校里有兄弟两个，分别是各自年级的第一名，哥哥初三，弟弟初一。我很喜欢他们兄弟俩，曾经在哥哥面前夸奖弟弟，也曾经在弟弟面前表扬哥哥。我觉得两个孩子都是全年级第一名，不存在不能比较的问题，所以经常很放心地称赞他们。

后来开家长座谈会的时候，兄弟俩的母亲特意来找我聊了我表扬他们的事。她说："兄弟两个对对方的优秀都很敏感，请您不要再夸奖或比较他们两个人。"

听到这位母亲的话，我脸上火辣辣的，心里也火辣辣的，我很难过，可又觉得有点委屈：我表扬他们的兄弟，他们为什么会心情不好呢？经过一段时间的深入思考，我终于意识到，自己确实考虑不周。虽然我的本意并非拿兄弟俩互相比较，评出孰高孰低，但孩子们会觉得我的话里包含着"哥哥（或弟弟）更优秀，而你不如他"的意思。

这件事让我认识到，即便是出于好意说的一番话，如果损害了孩子的自尊感，也是错误的。我从这次的经历中吸取了教训，也总结了经验，现在我已经成为一名尊重学生想法的老师了。

学校教学楼正门口和南门口各放着一块脚垫，人们出入教学楼的时候，可以在上面擦擦鞋底，但是离垃圾场最近的后门口没有脚垫。一名叫志尚的学生向我提议，希望后门口也能放一块脚垫。

听了志尚的建议，我觉得他说得很对，就反映给了教务部部长。一周之后，后门口也放上了脚垫。看到新脚垫的志尚似乎大吃一惊，问我：

"老师，后门口是因为我提了建议，才放了脚垫吗？"

"对呀对呀，是因为你提出了好的建议！"

我话音还未落，就看到志尚一下子变得精神抖擞，神采飞扬。在他看来，每天忙得不可开交的老师，不仅听取了他的建议，而且努力解决了问题，这让他感到自己受到了老师的尊重。我坚信，这次的经历会让志尚成为一个遇到问题积极想办法的人。

在尊重孩子方面，我有一些心得体会想分享给家长们。

第一，尊重孩子的人格。

我的父母就很尊重我这个大女儿，他们总是和我一起讨论家里的大事小事，还说"这个女儿给十个儿子都不换"。母亲的这句话，是我活在这世上巨大的自信心来源。在工作和生活中，我在男人面前没有自卑感，我爱身为女性的自己，以女性的身份努力工作，这份勇气和力量来源于母亲给予我的尊重感。

第二，尊重孩子的兴趣和才能。

比我年龄大一点的那代人，看到孩子们在学习之余做一些其他事情，就会大声斥责："弹吉他、唱歌，做这些事能赚到钱吗？能有饭吃吗？"现在时代变了，吉他弹得好、歌唱得好，都能赚到钱，都会有饭吃。如果父母发现孩子带着快乐投入地去做一件事，哪怕这件事跟学习无关，也一定要尊重孩子的选择，这些兴趣和才能，很可能会改变孩子未来的人生道路。

在 YouTube 上经营"天天美食"频道的李承美（音译）的

成功就是一个例子。她把制作各种美食的视频传到网站上，得到了世界各国美食爱好者的追捧。她说她没有专门学过烹饪，只是从小学开始爱看美食节目，把自己喜欢的食谱剪下来做成剪报集，照着食谱练习做菜，不断培养自己的厨艺，并逐步成长为 YouTube 的美食主播。她不是烹饪学院毕业当上有名的主厨的，而是通过自己学习、研究，成为专家的。可见，兴趣和才能也会成为孩子们选择未来职业的基石。

第三，尊重孩子的意见。

虽说青春期的孩子们额叶发育还不完全，还是不成熟的人格主体，但有时候他们能更加敏锐地看清事情的本质。

有一次，我以试题集作为奖品，鼓励同学们参加"金铃奖"比赛，我们班的珠熙同学当场提出了一个一针见血的问题："老师，'金铃奖'的冠军还需要试题集吗？"

"对呀，珠熙的话很有道理，当然是错题多的同学更需要试题集。"我肯定了她的说法，马上调整了策略，把竞赛中错误最多的人确定为优胜者，将试题集作为奖品送给了他。

成功的人大多从小伴随着父母的尊重成长起来，这样的孩子们自然而然地成长为具有自尊感的大人，拥有了做好任何事情的力量。可以说，自尊感是父母给予子女的最好的礼物。

曦允老师的知心话 💬

我在准备学校庆典的时候，接到了一年级新生家长的电话。

她说，孩子对学校特别满意，自信满满地向其他学校的孩子炫耀：

"我们学校的老师都很尊重学生！"

尊重感与教育的满意度密切相关。孩子们在长大成人的过程中，经历的"No"一定会比"Yes"多得多。所以，在家庭里，如果是可以允许的事情，父母不妨尊重孩子的意愿，帮助孩子培养勇敢尝试和挑战的内驱力。如果是坚决不能允许的事情，父母应该向孩子明确解释为什么不行，让孩子体会到"不同意"不是父母在耍权威，而是基于对自己的尊重。

第 29 课

你是监视者还是引导者

几年前，有一桩命案震惊了全社会。成绩排名全校第一的高中生用菜刀杀死了母亲，事后也没有处置尸体，和尸体同居了 8 个月之后才被发现。我从报纸上看到这起骇人听闻的案件，万分心痛，特别是读到孩子与垂死的母亲的最后一段对话时，感觉心脏痉挛，无法呼吸。满身是血奄奄一息的母亲含着眼泪艰难地说：

"杀了妈妈你也完了，你为什么要这么做？"

"我只是觉得，再这样下去，妈妈会杀了我……妈妈，对不起。"

我一百次一千次地想，这个令人毛骨悚然的故事，如果不是真的该有多好！在这起案件中，那个孩子是杀人凶手，但在生活中，他是严重的家庭暴力的受害者。在他很小的时候，父母就离婚了。心中有怨的母亲对他的教育非常严厉，整天监视他的一举一动，稍不顺心就体罚他。母亲曾经以"学习必须吃苦"为由，3天不让他睡觉，还不给饭吃。孩子在学习时打了瞌睡，被母亲用高尔夫球杆抽了200下。他的身上经常布满瘀青，案发后警察调查发现，孩子的臀部是凹陷进去的。

母亲无休止的虐待，让孩子产生了极端的念头：不杀死这个"监视者"，自己也活不下去了。极端的念头鼓动着他，做出了极端的行为。

这起案件令人痛心，也发人深省：父母在青春期子女教育中扮演"监视者"的角色，会给孩子带来巨大的压力。孩子们会因为讨厌被监视，而对父母产生敌意。在他们眼里，父母就是束缚、压制、强迫等不堪忍受的压力的来源。孩子们不想跟监视自己的父母交流，甚至希望与父母断绝关系。亲子之间一旦形成监视和被监视的关系，幸福的同盟关系就会破裂，变成相互敌对的关系。

监视孩子的后果非常严重，可还是有很多父母甘当监视者。他们可能认为，监视是管理孩子的重要手段，但监视其实并没有想象中那么有效。

一天下班时，我接到了一个电话，是一位家长打来的。她说孩子没去补习班，而且联系不上了，向我确认学校是否放学晚了。当天不是那位学生做值日，他按时放学走了。放下电话之后，我很担心他，一晚上到处打听。

直到第二天，我才知道那个孩子和朋友一起去网吧玩了。

我一边庆幸他没出什么大事,一边可怜这个关掉手机寻找自由的家伙。我把他叫到办公室,对他说:"你可以不上补习班,也可以出去玩,但关掉手机玩失踪就不好了,父母会非常担心你。所以不要逃避,哪怕明知道会挨骂,也给父母发个信息吧,告诉他们今天不上补习班了,到哪里玩一会儿再回家,让他们别担心,你会按时回家接受批评。你知道吗,这也是男子汉的担当!"

现代社会,智能手机这一革命性的工具,使监视孩子行踪变得非常容易,通过社交软件还可以查看孩子的私生活。对父母来说,智能手机就像育儿工具一样不可或缺——孩子有没有认真学习、到哪里和谁见面了等情况,尽在父母的掌握之中。智能手机和社交软件就像监控摄像头一样,时刻追踪着孩子们。

父母应该知道,孩子也需要自己的时间和空间。一天24小时暴露在透明的生活里无处躲藏,任何人都会感到有压力。明星艺人们心理压力大,容易患上抑郁症,也是这个原因。

如果人的一举一动都暴露在别人的视线中,大脑就会时时刻刻紧绷着,喝一口水都会想"有人在看着,有人在看着",失去了生活的主导权,该有多累!青少年时期是孩子确立自我认同感的重要时期,这个阶段的孩子需要不断地将认知集中在"我"身上,主动发现"我"喜欢的、"我"想做的、"我"擅长的,完成"找到自我"的生命过程。

如果孩子意识到父母试图彻底"控制"自己的生活,就会产生自我被夺走了的感觉，自然会对父母的掌控产生强烈的抵抗情绪。当孩子的反抗越来越严重、对父母的安排无条件拒绝时，父母极有可能就是孩子眼中的"监视者"。

强势的父母令孩子备受煎熬而又无可奈何，但孩子也很有可能冷不丁地给父母一闷棍。比如，孩子执意不去父母选的好学校、中途退学、离家出走、进入新环境后失去方向等。因此，父母不要总想着监视和控制孩子，而应该成为孩子的"引导者"。那么，引导孩子做什么呢？

第一，要引导孩子敢于做梦。韩国的父母们喜欢动员孩子选择赚钱多的职业、读广受认可的大学，但这些追求真的对孩子的幸福有意义吗？很多人都听过从医学生变身为纽约韩餐厅老板的金勋（音译）的故事，从中我们不难看出，人最幸福的不是从事全社会公认的好职业，而是能做自己喜欢的事情。作为孩子人生的引导者，父母应该鼓励孩子勇敢追逐能给自己带来幸福的梦想，并坚定地选择那条路。

第二，要引导孩子好好生活。这里所说的"好好生活"，是指不伤害他人、国家和社会，在工作和生活中发挥积极的影响力。一个人只看重经济上的成功，不注重发挥积极的影响力，即使取得了事业上的成功，也只是一个丰衣足食的自私的"怪物"。

父母应该引导孩子学会付出，学会关心和照顾别人。当父母不是用监视者的视角，而是用引导者的视角看待孩子时，孩子会成长为有梦想、肯付出、懂得关爱他人的人。

曦允老师的知心话 💬

不能不说，看着孩子手机上的社交软件、监视着孩子行踪的父母越来越多了。过去使用社交软件的人一般是十多岁二十来岁的年轻人，但是现在社交软件使用者的年龄范围明显扩大了。

如果孩子愿意通过社交软件跟父母联系，父母只要好好地享受这份亲近就好了，不要再千方百计地控制孩子了，否则，他们会注册其他账号，偷偷地享受私人网络空间。只要孩子没有遇到什么大问题，玩社交软件的事父母就睁一只眼闭一只眼，知道也装作不知道吧。

第 30 课

指责和鼓励的平衡

我现在是一名老师,教书育人,传道授业。其实我一度非常厌恶教师这个职业,因为我曾经有过被老师伤害的经历,特别是高三时候的班主任,给了我很大的打击。

高三刚开学,我参加了班干部竞选。选举那天,我认真准备了讲演稿,真诚地表达了愿意为同学们服务的决心。班主任听完我的讲演,说了如下的话:

"都很好,但是这么没意思的话,还要说 5 分钟以上,不是一种罪恶吗?"

我相信,正如老师评价的一样,我的讲演一定很无聊。但在众目睽睽之下,听到自己诚意满满的讲演被评价为"一种罪恶"时,我感觉受到了莫大的侮辱!这件事让我意识到,指摘别人并不总是正确的做法。我从多年的教师工作实践中深刻体会到:鼓励和安慰比指责和伤害更有教育意义。

每个人都喜欢对自己好的人，青春期的孩子更是这样。他们对情绪异常敏感，父母的鼓励他们欣然接受，而指责只会让他们产生抵触心理。一个很明显的例子就是，每次考试结束后，都会有一些孩子因为没考好，一整天蔫蔫的。遭到父母训斥的孩子们，小脸上阴云密布，好半天缓不过来。

"你为什么就考这么点分！"

"不努力学，你当然考不好！"

父母经常会说一些打击孩子自尊心的狠话，以为这就是严格的教育。当孩子出现问题行为的时候，有些父母会选择站在孩子一边，理解、包容他们，但一说到学习，就没有家长站在孩子一边了，几乎所有父母都采取严厉的态度，都不约而同地认为，要想让孩子努力学习，鞭策才是正道。然而，对于青春期的孩子来说，即使全世界的人都嫌弃他，他也希望父母能站在自己这边支持他。奈何父母总是喜欢以冷静的中立者自居，不肯越过中线来，站在孩子身边。

青春期的孩子比想象中聪明得多。如果你问那些声称"考砸了"的学生为什么没考好，他们的回答往往直指问题本质：

"说实话，我这段时间确实没怎么学习。"

"那道题是有条件的，我没看清楚条件。"

"答案长得太像了，完全混淆了，我胡乱选了一个。"

对于孩子们来说，"考砸了"本身已经是不小的挫折，他们心里已经很难过了，父母与其用一针见血的语言再次刺痛孩子的伤口，不如引导他们，反省一下前面的学习中到底哪些方面出了问题，帮助他们及时从受挫的情绪中走出来。"下次你肯定能考得更好！"父母安慰和鼓励的话语，能给孩子带来巨大的勇气和力量。

瑞士儿童心理学家皮亚杰将儿童认知发展过程划分为四个阶段：感知运动阶段（0～2岁）、前运算阶段（2～7岁）、具体运算阶段（7～12岁）、形式运算阶段（12岁以后）。青春期的孩子已经进入了儿童认知发展的最后阶段——形式运算阶段，无论是抽象性思维，还是反思性思维，他们都可以自主进行。孩子完全可以反省自己的错误，也可以用文章清楚地表达自己的反思所得。因此，请父母给孩子充分的机会，让他们反省自己的问题，然后鼓励他们奋起努力，怎么样？

我认为，鼓励比称赞更有意义。称赞针对的主要是"成功"，而鼓励也适用于"失败"。"如果你再仔细一点，就能做得更好！"父母温暖的语言所承载的力量，足以让孩子战胜失败，勇敢地从挫败感中把自己拯救出来。

如果有必要指出孩子的错误，父母应该在指点的同时给予鼓励，尽量保护孩子的心灵免受创伤。只有这样，孩子才能不气馁，虎虎生威地为赢得下次战斗做好准备。

值得注意的是，在指导青春期孩子的过程中，只一味地鼓励，没有批评，也是失之偏颇的。最好的方法是明确地指出错误，同时给予下一次机会。两次指出错误，八次安慰鼓励，以这样的比例宽严有度地指导孩子，可以让批评和鼓励都发挥出应有的效果。

曦允老师的知心话 💬

被人指出错误的时候，你心里是什么感觉？如果一位全职主妇被婆婆指责"不会做家务"，她十有八九会觉得自己没用，同时对自己的处境持否定态度。你一定有这样的体会，在工作中被上司指摘，你会感到气馁，工作的热情和动力也会明显下降。

因此，指出别人错误的时候，一定要非常慎重，特别是在当事人过错较为严重的情况下，更应该如此。做错事的人一定非常自责，已经万箭穿心，在这种情况下，最好简短地指出问题，然后花更长时间用心地去安慰、鼓励，防止他们自尊心受损。显然，对待青春期的孩子更应如此。

第 31 课

孩子喜欢像前辈一样的父母

一位母亲向我咨询的时候，说她的儿子总希望有个姐姐，这让她觉得很无奈。这个略显成熟的孩子似乎比同龄人更喜欢姐姐，这是为什么呢？青春期的孩子喜欢比自己强但年龄相差不大的人，这也是孩子们更喜欢年轻老师的原因。

韩国人在学校和工作单位，会把比自己年级高或入职早的人称为"前辈"。孩子们进入中学之后，"前后辈意识"明显增强，他们对前辈怀有一种复杂的感情，既害怕，又仰慕，想和前辈亲近，不知不觉以前辈为榜样。我从登上讲台那天起，就立志要成为一名前辈一样的老师。因为我知道，孩子们对前辈很有好感，在很多方面都深受前辈的影响。为了成为孩子们信任和追随的前辈一样的老师，我认真观察了高年级那些有影响力的学生，总结了他们身上的一些前辈特征：

第一，不强迫。不强迫会让人产生强烈的好奇心。比如，孩子们好奇，想学着抽烟，这时候如果前辈强迫他"必须得抽"，他可能会产生对抗情绪，就不想学抽烟了。但如果前辈没有任何强迫，而是用温和亲切的语气说："你也想试试吗？"孩子们十有八九会照做，可见前辈们不带任何强迫的鼓励非常具有诱惑力。当然，在引导孩子们做好事的时候，前辈们的"不强迫"也威力无穷。我母亲当年选择读商业高中就是受了她前辈的影响，母亲经常给我们讲起这件事。"来我们学校上学，将来可以直接就业，想考大学也可以，你来看看吗？"前辈的建议让母亲决定进入她之前从未考虑过的实业界。可是真正升入商业高中后，她才发现商业专业与人文专业有很大的不同，所学的科目与大学的入学考试相去甚远，很难考上大学，她非常后悔。前辈们的建议就像温暖轻柔的春风，吹得人耳朵痒痒，有着悄悄俘获人心的力量，比父母的"指示"要有力得多。

第二，浑身上下散发着帅气，自带"前辈光环"。我听过很多运动员分享，说他们是因为看到运动场上的前辈特别帅，才跟着进了运动部。帅气的前辈本身就有着激励人心的力量，与自己年龄相差不大，却那么优秀，对后辈来说，简直就是最好的榜样。

"我也想像那位前辈一样！"孩子们怀着这样的希望，自然就会追随前辈。老师和父母要想俘获孩子们的心，就要展现出孩子们认为帅气的一面，吸引孩子们的视线。从这个意义上说，父母需要不断地挑战自己，在新的工作、兴趣、学业、技能等各种领域，展现出挑战自己、超越自己的样子。

也许父母在挑战中并没有斩获什么实际意义上的成果，但孩子们很有可能被父母勤奋、进取的精神感染，成为父母的忠实"粉丝"。

第三，前辈更接近"心理咨询师"，而不是"麻烦终结者"。孩子们遇到困难的时候，有些父母想的是直接帮孩子解决问题，但前辈们不同，他们通过后辈们的眼神或话语了解情况，同时给他们一些适合他们的建议。

很多时候，前辈们并没有能力帮他们解决问题，但可以坐下来陪伴他们，听他们诉说，与他们一块儿分担痛苦，安慰、鼓励他们。对他们来说，一位好的前辈是很大的力量源泉。我们不难发现，前辈们所做的事情，父母们当然也能做到，只要父母们愿意放下高高在上的姿态，像前辈一样，守护在孩子身边就好。

现代家庭中，父母的角色变得更加多样了，这跟以前孩子多的年代有很大不同。现代父母花费很大的精力培养孩子，所发挥的作用也不仅局限在管理和教育孩子上——随着面临问题的变化，父母的角色也发生着变化：像朋友一样，像恋人一样，像老师一样，像顾问一样……角色不同，发挥的作用自然也不相同。多种角色的转换，为孩子在复杂的现代社会中更好地成长提供了必要的帮助。我觉得集所有角色特点于一身的人物就是前辈。

父母如果把孩子视为自己的后辈，就不会总是以"权威者"自居，而是以"人生路上最珍贵的相遇"来诠释亲子关系。这样的父母一定愿意不断提升自己，与孩子共同进步，同时对孩子发挥积极的影响力。反过来，面对前辈一样的父母，孩子们一定也很容易被感化、被激励。

作为孩子的人生前辈，父母努力进取的样子会成为孩子人生航程的指南针。父母工作的领域是孩子完全没有了解过的新奇世界，他们充满着好奇。因此，让青春期的孩子了解并体验一下父母的职业世界，对他们的成长有着积极的教育意义。父母在各自的工作领域竭尽全力做出成就并得到认可，会让孩子发自内心地体会到：他遇到了人生好榜样。

做父母不容易，做"前辈"更难。放下权威，以对待后辈的平等之心爱孩子，同时积极开拓自己的生命领域，这样的父母一定会受到孩子的敬佩和仰慕。

曦允老师的知心话

青春期的孩子们还没有正式开始设计自己的人生航线，所以对未来有着不小的恐惧。这时，如果父母以人生前辈的角色成为孩子们的榜样，引领他们前进，他们不但会对父母产生敬意，还会充满自信地给自己的人生设定方向。

正如父亲对儿子有很大的影响力一样，母亲对女儿也是如此。韩国的一项调查结果显示，母亲有工作，女儿长大成为职场女性的比例很高，这一结果有力地说明了这一点。不做居高临下的父母，像前辈一般平易近人地陪伴在孩子身边，以积极进取的形象潜移默化地影响孩子，各位父母，这样做怎么样？

第 32 课

妈妈会站在你这边的

　　不久前,我看了一部非常有趣的电视剧,叫《机智的监狱生活》。这部剧中最受关注同时又最令人意难平的角色,是毕业于首尔大学药学专业的小迷糊。小迷糊小时候家里很穷,他的母亲终日为赚钱奔忙,没时间好好照顾孩子,小迷糊整天脏兮兮的,总是被小伙伴们嘲笑、嫌弃,甚至孤立。母亲是个除了赚钱什么都不顾的人,她的独生儿子小迷糊从日本留学回来的时候、她的母亲去世的时候,她都没有关门歇业。在母亲拼命的努力下,家里的经济状况日益好转。从小在孤独中长大的小迷糊非常渴望爱情,他遇到了一位同性恋人。可是随着恋人的离去,小迷糊再次陷入孤独,百无聊赖的他选择用毒品解脱痛苦。

　　一直以来,小迷糊都以为母亲不爱他,可事实上,小迷糊的母亲是一个把眼泪和感情都深埋心底的人,她比任何人都爱孩子。只是她的爱是笨拙的，她不会亲切地向孩子表达自己的爱。当母亲发现儿子在吸毒时，她含着眼泪亲手举报了儿子。

我在看这部电视剧的时候，脑子里常常萦绕着一个问题：如果母亲在小迷糊青春期彷徨无助的时候，温暖地拥抱他，会怎样呢？小迷糊认为自己永远是一个人，可他分明有一位非常爱他的母亲。人们通常认为，妈妈的爱即使不说出来，孩子也知道，但也有很多时候，不说对方真的不知道。

小迷糊生活在一个单身母亲抚养子女非常艰难的时代，即便母亲想和青春期的小迷糊谈谈心，也很难抽出时间。两个人日复一日地过着辛苦麻木的生活，体察孩子内心这种事，母亲连想都不敢想，这就是他们的现实。

我的恩师崔英兰听到我说，要给正在为青春期少年头痛的父母们写一本书时，给了我意想不到的建议，她说："曦允啊，孩子们都是这样，见到老师的时候，说自己犯错是因为父母，见到父母的时候，又说是因为老师。并不是父母或者老师做得不够好，根本的问题出在我国的劳动力结构上啊！父母为了赚钱拼命工作，忙到几乎没有空闲时间，自然无法游刃有余地教育孩子，这才是真正的原因。这一点你一定要记住。"

崔老师的这番话，启发我对韩国家庭的现实问题和家长们的苦衷进行了深入的思考。在这个光是赚钱养家就已经相当吃力的社会中，想要好好教育这些"新新人类"，真不是一件易事。

即便现实如此，作为一名老师，我还是要拜托各位父亲母亲，一定要多花点心思体察孩子的心，特别是对青春期孩子，千万不要只顾着赚钱，把孩子的教育抛在脑后。等到孩子出了问题才流着眼泪弥补，那很可能已错过最佳的教育时机了，也可能事情已无法挽回。"妈妈什么时候关心过我，怎么现在才想起来教育我？"这样的话，就像一把锋利的匕首，扎在父母的心上。

釜山家庭法院少年案件审判庭曾经用非常温暖的态度审理了一起案件。被告人是一个稚气未脱的中学生，叫A某。10年前他的父亲因交通事故去世，母亲再婚后，A某的性格逐渐发生变化，离家出走后走上了邪路。原告人是他的母亲。这位母亲为了挽救失足的儿子，把涉嫌诈骗未遂的儿子送上了法庭。

母亲向法院申请了"未成年人保护审判"程序。这一程序是指将未成年嫌疑人直接告至法院，让其在没有警察或检察院调查的情况下接受审判。

此前，母亲接到了银行打来的电话，得知一个月前离家出走的儿子，为了在网上进行诈骗交易，企图以自己的名义建立账户。

A某的青春期叛逆是从和继父产生矛盾开始的。尽管继父也在努力照顾他，但没有亲生父亲的失落感让他感到非常痛苦。进入青春期以后，两个人之间的矛盾越来越尖锐，他最终离家出走了。一个月后，母亲接到了离家出走的儿子试图在网上诈骗的消息。

在这起案件中,如果受害人——A 某的母亲——选择原谅儿子,就可以不予追究。但母亲为了纠正儿子的错误行为,选择了起诉,但是同时申请了"保护审判",A 某由少年分类审查院短暂监护之后来到了法庭上。这是 A 某离家出走一个月之后,第一次见到妈妈和妹妹。可能因为好久没见到哥哥了,小妹妹举着双手摇摇晃晃地向哥哥跑去,被哥哥一把抱住了。

看到这样的场景,法官对 A 某没有予以严惩,而是让他在法庭上对母亲说 10 遍"妈妈,我爱你"。A 某跪在冰冷的地板上痛哭流涕,大声对母亲说:"妈妈,我爱你!妈妈,我爱你!……"

接着法官又让母亲对 A 某说了 10 遍"儿子,妈妈爱你"。母亲一边说,一边哭,抱在怀里的小女儿伸出小手给妈妈擦眼泪。之后,法官允许他们一家人互相拥抱。原本严肃的法庭,在母子、兄妹的深情拥抱中,变成了感人的教育现场。

青春期对任何人来说都是艰难的,哪怕是对成功人士也一样。很早就通过公开选秀被大众熟知的"乐童音乐家"组合中的哥哥李灿赫,也在一次采访中这样说:"青春期对我来说,其实并不是美好的时光,矛盾和纠结也很多。我父亲曾经当面说我'像外星人',我在创作歌词的时候引用过这句话。当时各种复杂的想法无法表达,被我写成了歌词。"

青春期的孩子情绪多变,有时还故意隐藏自己的真实想法，父母想了解他们的内心并非易事，所以青春期的孩子很孤独。他们虽然和同龄人相处融洽，却常常因为没有朋友而苦恼。他们沉迷于游戏，很有可能是因为除游戏外，没有其他可以沉迷的对象……由此可见，父母确实需要为读懂孩子的内心而努力。

不仅如此，父母还需要努力引导孩子，成为一个倾听自己内心声音而不受外界评论干扰的人。比起好恶分明的孩子，不太清楚自己意愿和倾向的孩子更难引导。父母可以引导孩子写日记、写信、冥想等，通过这样的方式，记录、回顾、反思自己的经历，独自实现内心的成熟。

父母是孩子唯一可以安心依靠的人。如果孩子总是从父母眼中看到失望，从父母口中听到指责，就会因为"没有人可以敞开心扉"而无助彷徨。对于青春期的孩子来说，即便老师和同学不认可，至少父母要明白孩子的心，绝对站在孩子一边。

曦允老师的知心话

学校教育不允许体罚学生，但是我会经常和孩子们来一点"亲昵的小接触"：看到穿着拖鞋横穿操场的家伙，我会跑过去在他后背上拍一下，告诉他以后不要这样，我还会给淘气的学生挂上耳坠，然后一起大笑一场。这些举动之所以能被孩子们接受，是因为我比任何人都了解他们的心。他们凭直觉就知道我是站在他们一边的人，也感受得到我在努力满足他们的愿望，我们之间形成了亲密的师生关系。

有人说，不爱他是因为不理解他。如果你理解了那个人，你就会爱上他。同样的道理，父母建立与子女之间的亲密关系是从揣摩子女的内心开始的。

#内心探访④

曦允老师提问，允贞回答

#防弹少年团 #入学考试 #好好学习吧 #离家出走 #妈妈的伤痛

李允贞：大家好，我是热爱音乐、以后也要努力学音乐的李允贞。我是曦允老师的爱徒，可以享受用老师奖励的"券"换泡面的特权。（笑）

曦允老师：我的爱徒允贞真的很热爱音乐啊，你最喜欢的歌手或者音乐人是谁？

李允贞：我最近喜欢防弹少年团。

曦允老师：为什么喜欢他们？

李允贞：看着他们就感觉很治愈。团队成员像家人一样亲密合作，感觉特别温馨，看着看着就不由得咧嘴笑了。在房间听着防弹少年团的音乐，特别幸福。

曦允老师：哦，防弹少年团是我们允贞的治愈点啊！允贞，当你想到高中生活的时候，最担心的是什么？

李允贞：我虽然考上了艺高，但是因为我考前只准备了一年，所以比其他同学差很多。上高中以后，肯定要进行入学考试或是实际技能测试，我担心自己考不好。

曦允老师：哦，入学还要考试啊。那假期里多准备准备吧。允贞，初中生活马上就要结束了，你想给学弟学妹们提什么建议吗？

李允贞：我想给学弟学妹的建议很重要，大家一定要好好听。初中阶段，我几乎放弃了数学学习，现在真的很后悔，希望学弟学妹们能好好学习，千万不要把爸爸妈妈让你努力学习的话当作耳旁风！真的需要努力学习！

曦允老师：但是允贞你当时为什么不多努力一点呢？

李允贞：当时……我以为我不努力也能学好。

曦允老师：你从什么时候开始意识到不是这样的？

李允贞：问答题交白卷的时候。（笑）

曦允老师：（笑）下一个问题，你的"中二病"在什么时候？

李允贞：正好在初二的时候，就是去年。这一年多来，我经常跟妈妈顶嘴，还离家出走过。

曦允老师：啊？还离家出走了？你在学校一直表现很好，我完全不知道你的"中二病"这么严重！那你是什么时候回家的？

李允贞：一天以后。

曦允老师：你离开家去哪里了？

李允贞：去了多英家。

曦允老师：(笑)这个去处太容易被猜到了。

李允贞：是啊！所以第一天我很庆幸没被妈妈抓到，但是多英的姨妈给我妈妈打电话说，明天会把我送回去，结果第二天在学校妈妈把我抓住了。说实话，我觉得我现在依然是"中二病"患者，前不久还和妈妈顶嘴、吵架了。

曦允老师：真的吗？妈妈很难过吧？借着这个机会，和你妈妈说几句话吧！

李允贞：妈妈，我想对您说，我发脾气，说过分的话，让您很伤心，真对不起。我知道您很辛苦，其实我不是真心想气您的，您千万不要因为我受伤。

曦允老师：傻孩子，当然会受伤。你有什么话想告诉包括妈妈在内的本书的读者吗？

李允贞：嗯，不管孩子说了多少不着调的话，做了多少让爸爸妈妈生气的事，他们也还是很爱爸爸妈妈，心里觉得对不起爸爸妈妈的。还有，希望大家能理解我的内心，不要太讨厌我。

孩子会不会出什么问题？我很担心。

第五章

坚定的妈妈才能抓住动摇的孩子

[父母成长篇]

第 33 课

即使孩子动摇了，父母也要坚定

诗人都钟焕在《摇曳中绽放的花》一诗中写道："哪朵鲜花不曾在风中摇曳？……哪段爱情不曾经历过动摇？"是啊，人生在世，动摇是难免的——青春期的孩子们常常感到彷徨，积极进取的年轻人总是面临着诱惑，尝过了人生百味的中年人依然需要不断做出选择，其实就连似乎无欲无求的老年人，也未必总能坚定不移——可以说，我们一生都在摇摆不定的选择中跌跌撞撞地前行。有一位作家还就"摇摆"这个话题写了一本书，叫作《千万次摇摆，才能长大成人》。这么看来，摇摆不就是生活的本质吗？

每个人最为摇摆不定的时期都不大一样。有的人年少时受苦，晚年大有作为，有的人则在人生巅峰时跌入低谷。成年人遇到人生的重大考验时，往往不会自暴自弃，他们相信自己的力量，积极地开拓局面，战胜考验，变得更加成熟，更有力量。但是，对于还没有多少应对困难的经验的青春期少年，重大危机很可能会挫败他们的人生。从这个意义上说，那些在青春期遭遇并战胜了危机的孩子们真的很了不起。

被称为"跳马之神"的韩国运动员梁鹤善的成长故事，一定能给父母和孩子们一些启发。梁鹤善小时候家庭条件非常差，没有房子，一家人只能住在塑料大棚里。他每天训练非常辛苦，可吃的主要是方便面。他之所以能够克服如此巨大的困难，最终成为"跳马之神"，一个很重要的原因，就是他的母亲非常坚定。

梁鹤善进入中学之后，虽然每天非常努力地训练，但成绩持续低迷，难以提高。日复一日的艰苦训练加上经济困难的双重压力使这个青春期的孩子对自己的前途产生了怀疑。"我真的要走这条路吗？"他千百次地叩问自己。百思不得其解之下，苦恼的他离家出走了。母亲找到儿子，并没有带他回家，而是直接把他带到了教练面前。母亲把他交给教练，狠心地说："要么杀了他，要么把他培养出来，您看着办吧！"教练鼓励他说："能帮到你父母的路只有一条——站上领奖台！"母亲和教练的话给了梁鹤善巨大的力量，从此，他坚定了信心，百折不挠，最终成为韩国青史留名的体操英雄。倘若梁鹤善的母亲在孩子遭遇重大危机的时候，没能牢牢抓住意志动摇的儿子，儿子就不可能拥有今天的荣光。

梁鹤善这样的经历在青少年中屡见不鲜，值得称道的是他母亲的做法，这启示了我们：在孩子遇到困难、内心动摇的时候,父母一定要坚定。这种坚定有时表现为狠心,有时也会表现为温柔,以深切的关怀和爱给予孩子力量。为了找到合适的方法帮到孩子,父母首先要了解孩子内心的真实想法。这一点有赖于父母平时对孩子的关注、对孩子各种信息的收集。梁鹤善的母亲清晰地看到了孩子的梦想,因此可以用"斯巴达式"的教育方法向前推孩子一把。母亲判断他的成绩只是暂时处于低谷,向前推他一把是必要的,也是正确的。如果梁鹤善内心真正想要的不是练体操,母亲的强硬做法就会适得其反。

梁鹤善母亲的做法也启示我们,父母要关注孩子的梦想。事实证明,在关注孩子梦想的过程中,父母会发现很多以前不知道的事情。比如,为了确定孩子的梦想是否与个性相符,父母不仅可以观察孩子的适应性,还可以了解孩子的偶像、特长及兴趣等。有了观察和了解做基础,父母与孩子的交流会更有针对性,更有价值。比如,通过倾听,让孩子体会到父母对自己的关切;通过提问,帮助孩子确认此时的梦想是不是真正的梦想;通过讨论,引导孩子明白为了实现梦想,该付出怎样的努力,等等。值得注意的是,对于孩子此时的梦想能否实现,父母最好不要提前做出判断。

"这样的成绩将来怎么能当上兽医呢?你还是先好好学习吧!"类似这样的话,千万不要从父母的嘴里说出来,否则,孩子会把父母视为"Dream killer"(梦想杀手),甚至从此拒绝与父母谈论这个话题。

从父母们向我倾诉的苦恼中，我发现了一个家庭中普遍存在的问题：父母觉得自己很关心孩子，孩子却认为父母根本不关心自己。这是为什么呢？因为父母和孩子关注的对象不同——

大部分父母对孩子渴望得到关心的方面不感兴趣，注意力只集中在孩子做得不够好、让自己操心的那些事情上。孩子渴望父母对自己的人际关系、外貌、梦想等给予关注，但父母最关心的永远是学习成绩，双方的关注点互不相通。由此可见，父母想要抓牢处于彷徨中的孩子，就必须关注孩子内心真正的需求。

曦允老师的知心话

"我要成为 YouTube 博主！""我要成为说唱歌手！"

年轻人的梦想总是具有鲜明的时代特色。当然，公务员这一职业依然占据着梦想排行榜的第一位。我相信很多人都知道"没有能战胜孩子的父母"这句话，但现实中仍然有不少父母，在努力尝试让孩子什么都听自己的。事实上，从父母想要掌控孩子的那一刻起，悲剧就开始了。

父母所生活的时代和子女未来将要生活的时代显然是不一样的，如果以父母的眼光评价和引导孩子，日后难免会被孩子抱怨。请允许孩子对自己的梦想和选择负责，即使错了，那也只是考验，不是失败。孩子会从中学到新的经验，让自己重新站起来。

第34课

如果你不想执着于分数

"10 To 10 寒假课堂开始报名啦！"

如今，随处可见这样的招生广告。"10 To 10"，是指从早上10点到晚上10点，这可不是针对复读生和高考生的，而是普通初高中补习班的学习时长。补习班"遍地开花"，真是韩国社会一个令人扼腕叹息的现象。本来，学生们应该利用假期出去旅游，参加一些体验和实践活动，或者休息休息，给消耗了一学期的身体充充电，过一个轻松快乐而又丰富多彩的假期。然而，在号称"学习共和国"的韩国，假期似乎是为了提前学习而存在的。很多家长持有"以量取胜"的观点，认为假期里更应该多多地提前学习，以至于这些很不人性化的补习班都门庭若市。

人们不禁要问：提倡在假期里提前学习的补习班真的有效果吗？我在网络上搜索了一下这个话题，在一个很有名的高考论坛中恰好看到有人提问："对高一新生，'10 To 10'效果怎样？"帖子下面的评论大多数都是负面的回答，也就是说，效果并没有想象中那么好。

其实任何事情都一样，只有快乐地去做才能长久，才能取得好的成果。这样强制性的学习，孩子们根本体会不到快乐，还花费那么多时间和金钱，显然弊大于利，而且会让孩子们觉得学习太痛苦、太累了。

"你这次期中考试得了多少分？"

"你的成绩排第几名？"

"成绩单什么时候出来？"

你是否也经常问孩子这些问题？孩子们进入中学以后，父母关心的大概就只有这样一些数字了——多少分、第几等、什么名次，孩子们都被问腻了。成绩优秀的孩子或许还会兴致勃勃地给父母讲讲考试中的趣事，大多数孩子则根本不喜欢父母问这样的问题。他们不愿意看到父母因为自己的成绩而失望、沮丧，深深的自责和愧疚，会使他们想要逃避考试之后的谈话。

我很理解孩子们的这种心情，但作为班主任，每次成绩出来之后，我都会给家长们发短信，因为他们有权知道孩子的分数。一方面，孩子们做得好的部分，需要得到家长的肯定；另一方面，家长对每一阶段的成绩水平有所掌握，毕业时才能更好地指导孩子升学，所以准确了解孩子的成绩是家长的权利和义务。

韩国家长对于提升孩子的成绩表现出了永不停歇的执着。

这种执着引发了持续的私人教育热潮，不仅对家庭经济产生了影响，也给整个社会带来了损失。

在韩国，子女的课外补习费占家庭总支出的 60%，与之相关联的是，老年贫困已经成为全社会最大的问题。这两种现象的鲜明对比，让人们不得不深入思考，过度的课外教育是否真有必要。未来人类会进入 100 岁时代，按工作到 60 岁退休计算，每个人都有三四十年的养老时间。如果从事经济活动的主力人群不能将一部分收入储蓄为养老资金，而全部投入于子女的课外教育，未来的养老很可能会遇到危机。

优秀的子女考入好大学或是取得事业成功，就能直接改变家族命运，这是 20 世纪的事，现在已经完全不同了——上了好大学也不意味着就能找到好工作，即使就业了，也不一定能承担父母的生活。基于这样的现实，我认为，父母们与其年轻时献身于孩子的课外教育，年老时生活窘迫，还不如先保障自己晚年生活的富足，再将富余的钱投资给成年子女。

我认识的一位语文老师说，她没有让孩子参加任何课外辅导，取而代之的是鼓励孩子读书。三个孩子通过大量阅读，养成了良好的学习习惯，成绩都很不错，先后考上了首尔的大学。由于无须支付高额的课外辅导费，她攒了不少钱，买了三套商住两用房。可想而知，孩子们长大以后，从父母手里得到一套房子时，心里有多踏实，有多感激父母。因此，我认为，父母们不要执着于孩子的成绩，做好自己的养老准备才是重点。

父母执着于孩子的成绩主要有两个原因。

第一，他们把子女的成功和自己的生活等同起来。这是一种"补偿心理"——梦想以子女的成功，作为对自己艰辛生活的补偿。自己没能考上好大学，但孩子一定要上好大学，过上最好的生活，这种想法本质上是父母把自己的欲望投射到了子女身上，而子女取得好成绩，上了好大学，父母就坚信自己的人生也是成功的。

第二，父母被困在过去看未来。父母生活的时代，只有取得好成绩，才能进入好学校，才能有份好工作。全社会都过分重视学历，学历成了评价人的标准，进不了名牌大学，很多机会根本无法得到。在这样的时代背景下成长起来的父母，就想让自己的孩子上好大学。他们还是坚信，就算就业率低，只要能上一所好大学，至少能找一份说得过去的工作。

然而，孩子们未来生活的时代跟过去很不一样了，现在也不再单纯以成绩为中心评价人了。进入一流大学，也难免会失业。越来越多的人拿着丰厚的工资，过着现代版的奴隶生活。相反，也有不少人虽然成绩不好，但通过锻炼自己的能力，取得了事业的成功。未来，这样的人会备受关注。在第四次产业革命时代，孩子们需要重视的不仅仅是成绩和学历，还有专业的知识和经验。

基于以上两方面原因，我认为，父母没必要过分执着于孩子的成绩。以我与初中生相处 10 多年的经验来看，父母对成绩越执着，孩子的成绩越有可能呈下降趋势。父母殷切的期待会成为他们学业压力的另一个来源，这种困扰会导致他们学习动机下降，使学习过程和学习心理沿着"动机下降→成绩下降→自尊感下降→动机下降"的方向恶性循环下去。反之，如果能够步入"动机增强→成绩提高→自信心上升→动机增强"的良性循环，孩子们的成绩就会大幅提高。

那么，如何增强孩子们的学习动机呢？当父母关注学习本身而不是只盯着成绩时，孩子们会因为感受到父母的关心而情绪饱满，学习动机会大大增强。为了让孩子感受到学习的乐趣，父母可以在日常聊天中给他们提一些跟学习有关的问题，或者回答孩子提出的知识类问题。孩子们的学习动机增强了，成绩自然会提高。

21世纪是人工智能的时代，创意人才会更受欢迎。父母不要一味盯着孩子的考试成绩，找找孩子擅长的领域吧——未来的竞争力已经不是成绩和名次决定的了。

曦允老师的知心话

"名牌大学文凭＝幸福保障"的公式早已被打破，但仍有很多父母执着于孩子的考试成绩。事实证明，父母对成绩越执着，与孩子的关系就越紧张。父母因为孩子不争气而受挫，孩子因为父母期待过高而受挫。我看到过不少因为学习成绩而两败俱伤的家庭。

学习好只是人生成功的一种情况,比起考出好成绩,建立坚实的人脉关系可能更重要。

请放弃对成绩的执着,把孩子当作独立的人格体来对待吧。在学业成绩备受重视的韩国社会,父母不关心孩子的成绩是不可能的,重要的是别太执着。与其一味关注结果,不如关注孩子学习的过程,同时,给他们提供各种机会,帮助他们找到自己擅长的领域。

第 35 课

孩子啊,中途辍学太可惜了

最近听说去年转学走了的一名学生又回来了,因为在新学校也无法适应。听到这个消息,我心里很不是滋味,总是在想,他在我们学校不适应,会不会是因为我疏忽了他,去年我应该更加努力帮助这个孩子的。

作为老师,遇到想中断学业的学生,常常会感到内疚。因为一旦到了想要退学的地步,再想说服他们好好学习,已经不是一件容易的事了。作为班主任,我多么希望学生们都能完成义务教育,拿到初中毕业证。孩子们萌生辍学想法的时候,非常需要家长的协助,否则,孩子的学业就可能真的继续不下去了。

诚然,上学并非人生的唯一出路,即使因为不适应学校生活而中断学业,也不能说孩子就是人生的失败者。只是因为我们的社会仍然高度重视学历,人们都知道一纸文凭对于工作和生活有着怎样的意义，所以老师和家长都希望孩子们宁可吃点苦，也要坚持完成学业。虽然家境越差越希望孩子好好读书，但意志不坚定、中途退学的学生也确实不少。

有一次，我在一个读书会上见到一位母亲，她的孩子刚刚从高中退学了。孩子在初中阶段一切正常，但上了高中以后，就觉得无法适应学校生活，最终放弃了。我问她，孩子和朋友们之间的关系怎么样，她说，很庆幸啊，孩子的人际关系很好。听到这句话，我心里觉得安慰了很多，对那位妈妈说："有这一点就足够了。虽然退学了，但只要孩子找到适合自己的事情，就能找到前进的路。"

孩子们选择中断学业，大多是因为不适应学校的生活。2017年韩国调查统计的数据显示，因为对学习失去兴趣或动机不足、对学校生活不满意等原因而辍学的学生，每年超过6万人。虽然现在的学校都有"退学犹豫期"制度，允许学生在中断学业之后再次返回学校，但这一制度其实形同虚设，事实上，离开学校的学生很难再次回到学校。

从培养人才的角度来说，学校教育有积极的功能，也有消极的影响。任何人都可以平等地接受优质的教育是其积极的功能，但压制和约束个人自由这一点，则是其消极的影响。

最近，我和学生们在穿校服的事情上展开了"拉锯战"。因为天气变冷，越来越多的学生用拉链帽衫代替了校服夹克。我在学校里负责生活指导，看着这种情况，我只能一而再再而地强调"进入校园必须穿校服",可是收效甚微。这是一个相当尴尬的问题:校服夹克虽然美观,但不够宽松,妨碍学生活动;而且初三学生普遍个子高了不少,校服明显不合适了;再加上光穿校服夹克不暖和,还得再穿其他衣服,可是校服里面又穿不进去太厚的……种种原因导致不穿校服的学生越来越多了。

虽然这些原因都是可以理解的,但学校很难正式允许穿连帽衫。一旦允许了这样的穿着,孩子们大概谁都不会穿校服了。如果给初三学生开绿灯,初一、初二的学生会立刻跟风。校服问题在每一所初中都存在,所以有的学校干脆把拉链帽衫指定为校服,越来越多的学校选择了款式较为宽松的校服,而不是修身美观的传统样式的校服。

仅仅是学校允许穿什么衣服的问题,就可能对学生们造成压抑,更别说学校通过一系列严格的校规、校纪来管理学生,自然会有学生认为自己的个性和人格没受到尊重。特别是学校总是拿考试名次作为标准评价学生,更是让学校被学生们诟病为"实施压迫性教育的地方"。

学生们尽管对学校有着种种腹诽和诟病,可还是会来上学。我问我们班的学生"为什么来上学"时,听到了五花八门的答案。有学生开玩笑地说"为了看老师""爸爸妈妈让我上学"等,也有学生说了"因为社团活动很有意思""为了拥有更好的前途"等真实的原因。

事实上,哪怕是学习成绩好的学生,也有一定程度不想上学的念头,更别提成绩不够好的学生了,可是,他们为什么不中断学业呢?对于这个问题的思考和探索,让我产生了一个新的想法——用这些学生不放弃读书的理由,来说服想退学的学生改变主意。

通过观察,我发现,默默忍受着艰难的学校生活的孩子们有一个共同点:至少有一个方面比别人出色。即便学习不太好,也在某一领域有特长,比如,有运动天赋或绘画才能的孩子,在体育课或美术课上能体会到成就感。但是想中断学业的孩子们,大部分都找不到让自己绽放魅力的舞台,在所有的课程中,他们都认为自己是陪衬,不是主角,自然觉得学校生活枯燥乏味,毫无意义。

这种现象可能跟缺乏自信的一种症状——无力症——有关。一个人错误地认为自己没有才能,给自己下了"什么也做不好"的错误判断,就会对学习、工作甚至生活都提不起兴趣,陷入自我否定的负面情绪中不能自拔。无力症会影响人的方方面面,不仅在学校里,在家庭中也会出现。看到孩子整天懒惰懈怠、迟钝麻木、没有干劲的样子,父母免不了会大发雷霆,批评训斥。如果孩子的这些症状比较严重,而且长期如此,父母就应该注意孩子是否患了无力症,及时带孩子就医。

默默忍受着艰难的学校生活的孩子们还有一个共同的特点:具有亲和力。他们即使学习和才能都不出众,只要和朋友们关系融洽,也会觉得学校生活有乐趣,从而愿意上学。这一点,在那些愿意跟朋友上同一个补习班的孩子身上体现得最为明显。特别对于青春期的孩子来说,朋友就是一切,不管遇到了多么艰难的状况,跟可以信任和依靠的朋友一起,就能充满勇气地渡过难关——友情,可以成为青春期孩子战胜一切困难的力量。

相反,如果和朋友们的关系变差,在学校里就几乎没有什么可以开心大笑的事情了。孩子在青少年时期如果没有可以信赖的朋友,就会对人际关系产生恐惧,甚至发展成社交恐惧症。社交恐惧也是缺乏自信的特征之一。人在遭遇严重失败的时候,最先出现的症状就是社交恐惧。失去自信会导致人际关系中断,即使没有人说什么,也会觉得别人在指责自己。

看着形单影只地生活在学校里的孩子们,我想早点对他们进行"建立人际关系"的教育。人际关系不是天然形成的,而是建立在对自己正确认识和对他人关怀尊重的基础上,彼此倾注善意而形成的。可是也有一些孩子,把建立或破坏朋友关系视为自己单方面的权利。

看到有的孩子肆无忌惮地用不合适的言行伤害朋友,有的孩子不懂得如何与他人交朋友,我常常感到着急又惋惜:老师和家长有必要告诉孩子们如何爱自己、爱他人,进而指导他们如何与他人建立友谊、维护友谊。

为了让孩子们懂得如何爱自己,首先要帮助他们提高自尊感。自尊感强的人会认为自己有价值。事实上,不仅是青春期问题,生活中遇到的大部分心理问题,都是从自尊感出现问题开始的。

自尊感强的孩子不会攻击其他孩子，而且即便被人伤害，也能很快从负面情绪中走出来。简言之，就是恢复弹性强。反之，自尊感弱，恢复弹性就弱。

为了让孩子懂得爱自己、爱他人，老师和家长要及时发现孩子的优点，并予以肯定和表扬，还要告诉他们，当他们用友好、欣赏的眼光来看待别人时，自己也会变得更美好，和朋友们建立深厚友好的关系就会成为可能。

曦允老师的知心话

当孩子提出要辍学时，想必父母的心都要碎了，大部分父母都会陷入强烈的自责中。然而，比自责更重要的是了解孩子做出这一决定的主要原因，是父母给他的压力大，是不适应学校生活，还是人际关系遇到了严重的危机……只有弄清原因，才能找到最佳的应对方案。

近年来，学校的"鉴定考试制度"很完善，所以辍学并不意味着肯定是学习出了问题。但是，对于辍学的孩子们来说，没有体会过和同龄人一起升学的美好，终究是一件遗憾的事情。而且，过上一些时间，孩子们很可能会后悔辍学。所以，当孩子们在学校生活中遇到困难想要辍学的时候，请父母们想尽办法引导他们坚持到最后吧。

学校教育是针对全体国民的社会化教育，因此，需要各种规章制度来保障学校秩序。青春期的孩子们当然不会认为这些规章制度保障了自己的自由，而是把它们看作控制和压抑自由的"紧箍咒",甚至因此厌倦学校生活。

其实,实施学校教育是一项很好的社会制度。学校是社会的缩影,没有社会经验的孩子们在这里能够提前体验未来的社会生活,了解社会的运转秩序,掌握一些基本的常识和规律,为将来走入社会做准备。通过学校生活,孩子们还可以提前体验集体生活,认识各种各样的人,培养处理人际关系的能力。学校的这些优势,都是其他社会机构所不具备的。老师和父母应该尽全力引导孩子们,至少完成义务教育阶段的学校教育。对于已经中断学业的孩子,引导他们接受替代性教育或委托教育,也是很有必要的。

第 36 课

孩子是不是游戏上瘾了

我上大学时,第一次看到男朋友和他的朋友们聚在一起玩的方式,感到特别惊讶。女孩子们聚在一起,总是面对面亲热地聊天,有说不完的话题;男生们就不同了,直接去网吧,哪怕是好久没见面的朋友也一样。他们坐成一排,一边打游戏一边聊天,这让我觉得特别难以理解——都长大成人了,为什么还会聚在一起玩游戏呢?为了弄清楚这个问题,我读了相关的书籍,也亲自做了一些调查,发现这种现象其实是有历史背景的。

从原始社会开始,男人和女人就有了分工。女人们以居住地为中心,负责种植粮食和养育孩子,男人们则主要负责猎杀动物。在这个过程中,男人们自然而然地掌握了战斗本领,当他们经过激烈的斗争,得到了自己想要的东西时,就会体验到搏杀的快感。在现代社会中,男人们无法在工作中体会到这种快感，但在体育和游戏领域是可能的。二者相比之下，限制较少、门槛较低的游戏俘获了男人们的心。

在体育或游戏中获胜，人的大脑中一种叫多巴胺的神经递质就会增加，让人体会到快感。多巴胺能够令人快乐、兴奋，从这一点来看，玩游戏是积极的。但如果无休止地通过游戏追求快感，人就会在不知不觉间上瘾，这是一个大问题。对游戏上瘾跟毒瘾一样，会让人脑产生依赖，大脑会逐渐变成"游戏脑"。通过仪器检测，"游戏脑"的脑电波和老年痴呆症患者的脑电波是相同的。

近年来，对游戏上瘾的不仅仅是男性，痴迷游戏的女性也很多。游戏的盛行大致有三方面的原因。

首先，现在的游戏种类丰富，对男女老少都有着很大的吸引力。以前只有初高中学生喜欢玩游戏，现在的游戏广泛受到各年龄层的喜爱，连上了年纪的人也能找到适合自己玩的游戏，靠着玩游戏打发闲暇时间。老师们当中也有很多人爱玩游戏，甚至是游戏高手呢。

其次，智能手机的普及让手机游戏参与者大幅增加。10多年前，人们只能在电脑上玩游戏，现在人们通过手机，可以随时随地享受打游戏的乐趣。日常生活中，越来越多的人在处理其他事情的间隙，会拿出手机打打游戏。

最后，男孩子和女孩子的交流比过去活跃多了。跟以前男女分开教育不同，现在男女生在一起接受学校教育，男女生之间的交流明显增加,而且相处得非常融洽,学校里形成了男女生"共享男生文化"的氛围。这种氛围也拓展到学校以外的其他领域,所以,女孩子们可以理直气壮地和男孩子们一起去网吧玩游戏。

从时代发展的潮流来看,游戏盛行似乎是个必然趋势,哪怕是对游戏不感兴趣的人,偶尔也会点开朋友发来的链接,进入游戏的世界。玩游戏本身没有问题,但玩游戏上瘾就不是小问题了,特别是对前额叶发育不完全、血清素不足的青少年来说,玩游戏上瘾伤害更大。

父母如果认为孩子整天沉迷游戏,首先要做的不是抢走手机或砸坏电脑,而是观察和诊断孩子是否到了"游戏上瘾"的程度。游戏上瘾是指玩游戏达到了影响日常生活的程度。有些家长说,孩子学习还挺好的,但是玩游戏占用了很多时间,简直是游戏上瘾了!其实这只是父母的看法,有可能这个程度恰好能缓解学习压力,并没有达到上瘾的程度。所以,父母需要进行客观的评估,或者求助专家,确定孩子的游戏时间和沉迷状态是否真的过度。

如果因为玩游戏而导致健康出现问题,就应该怀疑是有严重的游戏瘾了。如果孩子出现了睡眠不足、营养不良或脱水等问题,可以视为上瘾相当严重。

总有那么一些学生,有时间去网吧打游戏,没时间为参加学科竞赛做准备,这种现象让我深有感触,对他们来说,游戏已经是生活的一部分了。游戏瘾跟毒瘾一样，很不容易戒除，甚至有人下了比较极端的断言：游戏上瘾是一个无药可医的问题！

但是我不这么认为。虽说游戏上瘾者与毒瘾患者的脑电波很相似，可我认为游戏上瘾更接近心理问题，这一点跟毒瘾不同。所以，如果老师和父母能读懂孩子们的心理，给他们指出正确的道路，帮助他们找到学习和生活中的乐趣，他们的理智和游戏诱惑之间的斗争就会减少。

如果父母认为孩子热爱游戏，擅长游戏，不妨支持孩子以游戏行业作为他们未来的职业方向。父母可以和孩子一起坐下来，认真地交流，引导孩子想清楚，是把游戏单纯地当作兴趣，还是有志于将来从事与游戏相关的职业。

游戏角色设计师、剧本创作人、程序员、系统开发员、职业玩家等与游戏相关的职业，比想象中要多得多。游戏行业的从业者收入一般都很高，但是想进入这个行业也不是那么容易的。

父母在与孩子讨论游戏话题的时候，给他们植入从事与游戏相关职业的理念，可能会让他们对游戏产生新的看法。孩子们或许会给自己一个机会，慎重判断自己是否真的可以选择以玩家作为职业，也或许会认识到自己没有那么强的实力，但因为热爱游戏，还会积极关注游戏相关行业。如果孩子的梦想是成为角色设计师，父母不妨鼓励他们发展美术特长；如果孩子梦想成为游戏剧本创作人，父母可以引导他们努力学习文学。

游戏上瘾，意味着玩游戏没有节制，把游戏放在第一位，甚至忘了吃饭睡觉，这样很容易混淆虚拟世界和现实世界。相信不少人都听说过，有人在玩游戏的过程中，一时兴起杀了人，就是因为那时他完全沉浸在游戏中，判断力变弱，把现实当成了游戏。沉迷于游戏的孩子对现实世界中发生的事情不感兴趣，因此，游戏上瘾的孩子会在家庭关系、朋友关系、学业成绩等方面都出现问题。家长一旦发现孩子出现这种苗头，就应该及时引导孩子回归现实环境，远离虚拟世界。另外，还要留意孩子是否有逃避现实的倾向。家庭问题、交友问题、不适应学校生活、学业压力大等，都可能是把孩子们推进游戏世界的罪魁祸首。

有些游戏上瘾的孩子说，自己除了游戏，没什么可做的。这句话给我们的启示是，引导游戏上瘾的孩子们通过料理、读书、运动、工艺、音乐、美术等健康而有趣的方式度过闲暇时光，可能会对他们远离游戏有所帮助。这些活动可以让孩子们感受到和家人、朋友在一起的乐趣，同时，让他们清晰地看到在现实世界中专注工作、享受快乐的自己，而非虚拟世界里的那个角色。

曦允老师的知心话

如果家有游戏上瘾的孩子，父母一定要反思一下家庭有没有问题。家长专制的家庭氛围、兄弟姐妹间的歧视、缺乏沟通、家庭暴力、经济因素等，都可能成为孩子沉迷于游戏的诱因。另外，在学校里被孤立、对学校生活不适应、学业压力大等家庭以外的因素，也可能导致孩子游戏上瘾。父母应该引导孩子在现实世界的某些领域找到存在感，而不是在游戏当中找存在感。应该说，当父母营造出让孩子充分体验到安全感的环境时，他们就会在现实世界中找到归属感，减少甚至摆脱对游戏的依赖，安排好自己的学习和生活，发挥出自主性。

第 37 课

和孩子一起成长

对养育孩子这件事，父母的切身体验就是刚完成艰辛的育儿阶段，觉得终于可以喘口气了，孩子的青春期就已不期而至。孩子的青春期真是令父母苦恼又怨恨的一段时间。特别是在因和青春期子女博弈而感到心力交瘁的日子里，父母们甚至会祈祷青春期、"中二病"之类的症状快点消失。

然而，青春期是每个人长大之前都必然会经历的一段时间。既然是必然的经历，那父母们就请放平心态，坦然地接受吧。如果父母们选择通过这段不平凡的时期，和孩子一起成长、进步，不仅心情会舒畅很多，而且会有很大收获。

孩子进入青春期之后，身体和精神都快速地成长变化着。这个时期，如果只有孩子在成长，父母还停留在原地，亲子之间原有的平衡关系就会被打破，逐渐产生隔阂、矛盾甚至冲突。孩子在成长，父母也要成长，尤其是在养育子女方面发挥巨大影响力的母亲更是如此。

母亲要想和青春期的孩子一起成长,首先要做的就是拥有梦想。从母亲说出自己梦想的那一刻起,孩子的生活和母亲的生活就会完美分离,孩子和母亲的关系也会重新构建。母亲也要为实现梦想而努力,这与孩子当前的状况恰好契合,亲子之间会迅速建立起同甘共苦、共同奋斗的"同志"关系。

如果父母没有梦想,只想通过教育出成功的子女而一跃成为成功的父母,就会给子女带来很大的负担。父母们应该及早认识到这一点,即便从现在开始拥有自己的梦想,从现在开始为了梦想而努力,也是好的。有梦想的父母,对孩子的成败得失都能超然看待,成功时热情赞扬,失败时安慰鼓励,不悲不喜——因为全家每个人都是在追梦的路上奋力奔跑的人,成功失败都很正常。

通过观察,我发现了一个奇怪的现象,那些没有梦想、只想通过子女的成功证明自己成功的父母中,有不少人在子女成功之后患上了抑郁症。他们为子女牺牲了一辈子,子女成功了,自己却陷入了人生不知去往何方的空虚中。

子女到了青春期,大部分父母的年龄在40岁左右,正是适合重燃梦想之火的年龄。有的人比较悲观,认为自己已经40岁,前半生一无所成,学历、能力都不出色,没有竞争优势,往后也很难有什么出息了。如果父母这样看待自己,那就太可惜了。其实40多岁的人完全可以再次挑战自我,挑战新的领域。我非常崇拜的小说家朴婉绪40岁才登上文坛，后半生笔耕不辍，留下了许多很有价值的小说。我还看过一个报道，一位女性从40岁开始健身，几年后变成了拥有"魔鬼身材"、活力四射的"小姐姐"，受到世界各地粉丝的追捧，她用自己的经历向人们传播着健康运动的理念……40岁的人，还有许许多多的事情可以做，还有无限的可能性。

一般来说，青春期的孩子会在6年内离开父母的怀抱，长大成人，这也意味着女性仅以"母亲"身份生活的时代结束了。当一个女性不是以母亲身份，而是以独立的人格追逐自己的梦想时，她不仅可以把孩子培养得更好，还会因为有着不逊于孩子的精神追求，深受孩子的敬佩，享受幸福的家庭生活。

从这个意义上说，我的母亲就是一位有理想、有追求的楷模。母亲50岁那年，突然下定决心要做点什么。一直以来，母亲的全部生活只是照顾有残疾的弟弟，内心渐渐变得忧郁沉闷，她觉得需要一个突破口，来改变自己的生活状态。大多数50岁以上的人，不会想着再学点什么，但母亲对学习一项新技能热情极高，我也积极地支持她。经过一年的学习，母亲居然自己开了一家美容店，亲自经营店铺一直到60多岁。现在她年纪大了，不再经营美容店了，但很多同龄人，甚至比母亲年龄小的人，都羡慕母亲拥有专业技能，懂得如何保养皮肤，还总能给别人一些简单易行的护肤建议。

追逐梦想的女性往往难以兼顾家务，出现这种问题时，最好的办法就是动员孩子和丈夫一起分担家务。做家务本身就是非常重要的教育内容之一，而且培养孩子在未来社会独立生存的能力势在必行。从这个意义上说，对青春期子女进行的首要教育内容就是让他们做家务。也许有人会说，孩子们的学习时间都不够，哪还有时间做家务？持有这种观点的人，不明白做家务是提升孩子生存能力、促使孩子全面发展的真正的教育。

　　干过家务的人都知道，家务活这种事情，干了看不出来，不干却非常明显。像大扫除这样的劳动，一周只让孩子做一次就可以了；日常只要做一些简单的家务，比如洗校服、刷鞋、洗碗等；也可以让他们每周自己解决一次吃饭问题。

　　一定会有人不在乎孩子做不做家务，认为这些时间还是用来学习更好。我认为，孩子通过参与少量的家务劳动，能体会到父母做家务的辛苦，生出对父母的感恩之心。在做家务的过程中，孩子会感受到劳动的艰辛与喜悦，品味到生活的酸甜苦辣，也可以一边干活一边思考自己的学习、生活，以及梦想与未来。

　　父母如果为了子女牺牲了自己的一切，就必然无法成长进步。不要只想着支持孩子追逐梦想，自己也要成为勇敢的追梦人。希望所有的父亲母亲都能和青春期子女一起成长，一起逐梦，同甘共苦，充满力量地度过这段金子般的时光。

曦允老师的知心话

成年人也得有梦想，也要成长。大人们挑战自我的精神，对孩子们来说，有很大的激励作用。充满挑战精神的父母，一定会培养出不惧挑战的孩子。

我也在努力向学生们展示自己是一位具有挑战精神的老师。我写书的一个原因，就是想让孩子们看到，老师也有当老师以外的梦想，也在向着梦想奔跑。我想让孩子们认识到，青春期确立的梦想要好好坚持，不要轻言放弃；长大成人了也不能懈怠，不断成长是每个人一生的事业。

好的父母和老师可以成为青春期孩子的榜样。父母们可以通过读书、获得资格证、发展兴趣爱好、坚持运动等多种方式，拓宽生活的边界，让生活更加丰富多彩。坚持自我成长的父母，才能引导子女走上成长进步的道路，一家人才能一起享受奋斗的喜悦。

第 38 课

孩子长大后，会成为另一个你

坐在学校的咨询室里，看着推门进来的学生家长，我经常会觉得自己有一双"火眼金睛"，因为不等家长开口自我介绍，我已经猜出这是谁的父亲或母亲了。他们和孩子不仅五官长得像，就连语气、表情、气质以及周身透出来的微妙感觉等，也都十分相似。

小的时候，每当我或者兄弟们做错事，母亲就会说："果然血脉是骗不了人的，有其父必有其子。"说这样的话，是母亲在责怪我父亲把一些坏习惯遗传给了我们。当然，不光是基因遗传，共同生活中的耳濡目染，也在发挥着教育作用，子女像父母是理所当然的事情。更令人惊讶的是，随着年龄的增长，人会越来越像父母，从外貌到性格、思想、价值观等，都难以置信地代代相传。

每一位家长都希望自己的孩子善良又聪明，但是品行不好的父母会有善良的孩子吗？在江南①的一所中学，有个孩子在课堂上玩手机，手机被班主任老师没收了。很快，他的父亲给学校打了电话："如果老师好好讲课，我家孩子会上课看手机吗？快把手机还回来！"

听同事讲述这件事的时候，我的脑海中出现了这个孩子几十年后的样子，比他父亲此时的胡搅蛮缠有过之而无不及。我常常想，韩国"富二代""富三代"作威作福，不正是效仿家里的家长吗？家长对待老师，即便不必恭敬到"连老师的影子也不能踩"的程度，至少也应该遵守基本礼仪。然而，现在很多家长认为是老师扼杀了其子女的反抗精神，对老师表现出轻视和不尊重的态度，甚至当面教育子女无须惧怕老师。家长的这种态度原封不动地传给孩子，导致现在的教师权威严重下降。

我还听说过这样一个故事：有个孩子对老师不尊重，行为举止很放肆。他的父亲是军队的高官，得知孩子有这样的行为后，特意把老师邀请到家里来。老师刚走到家门口，父亲就赶紧划袜走出来，热情地迎接老师。孩子看到父亲对老师如此敬重，再也不敢不尊重老师了，每天恭恭敬敬地向老师问好。

这个故事告诉我们，孩子的品性承袭于父母，父母的言行就是子女效仿的范本，父母的一举一动都是言传身教。要想把孩子培养成品德高尚的人，父母应该努力让孩子看到自己高尚

---

① 指首尔的江南区，是著名的富人区。

的一面。被父母打骂的孩子，长大以后也习惯于使用暴力，这样令人惋惜的例子并不少见。

"孩子成长为什么样的人，完全取决于父母。"这句话一点也不为过。父母在血缘和环境两方面，都对孩子产生着深刻的影响。我学生时代最好的朋友特别喜欢读书，简直是个"小书迷"。她不仅爱读书，文章也写得好，现在是一位作家。那时候我去她家玩，看到卫生间里也放着书，很惊讶。我在用卫生间的时候，也读了一会儿书，感觉特别有意思。于是，我问她：

"这是你看的书吗？"

"不是，这好像是妈妈看的书。"

妈妈也看书？那一刻，我真是既吃惊又羡慕。我的妈妈因为要照顾身有残疾的小儿子，忙得不可开交，好像三头六臂都不够用，当然不会有时间读书，而那个朋友的妈妈每天都在读书。可能正是这个原因吧，虽然我读书也挺努力，但不像我的朋友那样争分夺秒。

当然，我也有她不具备的优点，那就是会做饭。我妈妈几乎不读书，这是她忙碌于家务的代价，但是她总能做出好吃的饭菜。我从上中学开始，一直到上大学之前，都经常帮着妈妈做饭，学到了妈妈的手艺，所以我做的饭菜也很好吃，常被人夸。

爱看书的母亲培养出当作家的孩子，擅长烹饪的母亲教出做饭好吃的孩子。对子女来说，父母是最亲近的人生前辈和榜样。这种榜样的力量在积极方面发挥作用，在消极方面也同样发挥作用。一个非常典型的例子，就是子女会学着父母的样子吸烟，如果父母双方都吸烟，子女吸烟的概率会更高。比起无烟家庭的孩子，他们从小就间接吸烟，所以对吸烟有着更强的认同感。

男孩子们进入青春期后，开始偷偷摸摸地吸烟，到了高中阶段，烟瘾就已相当严重，基本上很难戒掉了。

有一次，一名学生在校内吸烟被抓住了，班主任把他的父母叫到了学校。可能是因为两位家长很焦虑，他们各抽了一支烟，安定了一下情绪。稍后，他们进入宣导委员会的办公室，屋里立刻充满了烟味。两位家长每次开口时散发出的烟味，让在场的老师们直觉性地认为：这孩子绝对戒不了烟。

没有一个孩子是从天上掉下来的。爱骂人的孩子很有可能是听着父母的责骂长大的。对孩子说话刻薄难听的家长来找我咨询时，一张口，我就能感觉到他们语言粗俗，不懂得照顾对方的感受。就像悲伤会产生悲伤一样，消极的父母会养育出消极的孩子。

很多父母日夜思考该如何培养孩子，我想告诉大家，其实无须太多思考——父母成为好人，孩子会自然而然地成为好孩子；父母总是说积极的话，做正确的事，孩子也必然会是这样。请记住，孩子长大后，会成为另一个你。

曦允老师的知心话 💬

你知道吗，不仅骂人、吸烟这些明显的坏习惯会在孩子身上看到，父母不经意间说出来的一句话，也可能会对孩子产生影响。有一位妈妈随口说了一句"真不知道为啥要活着"，结果孩子的心里产生了"妈妈的人生没有目标"的想法。可见，在孩子面前，言行都要慎重，一句话都不能乱说。对于心智还不完全成熟的青少年来说，成年人的一句话，就可能成为他们判断是非的标准。

第 39 课

等待，是最有智慧的爱

我很喜欢以明星父母和青春期孩子为嘉宾的综艺节目《有子女好福气》。在某期节目中，主持人向孩子们提出了一个问题："你觉得'唠叨'和'建议'有什么区别？"一个孩子的回答给我留下了深刻的印象，他说："'唠叨'和'建议'的区别在于，给不给对方说话和思考的时间。"父母反复唠叨，完全不给孩子说话的机会，孩子会因为厌烦而关上心门，不听，不思考，也不执行；如果父母提出的是建议，一定会给孩子充分的思考时间，让孩子自己想明白，知道这些建议确实对自己有益，并主动采纳建议。

父母一心盼望着孩子能朝着积极的方向发展变化，但无论是父母还是孩子，都难以轻易改变。韩国有句俗话说："做了反常的事情，死期就要到了。"这句话大概可以反衬人是多么难以改变，尤其是成年人。值得庆幸的是，孩子们具有一定的可塑性。然而，任何变化都不会一蹴而就，需要给他们时间。

孩子的成长和改变需要信任和等待，父母的信任就是一种爱。相信每个人都切身体会过等待有多折磨人。很多时候，即便我们已经下定决心要耐心地等待，可过不了多久，还是急不可耐地开始催促。父母对孩子的催促往往于事无补，只会给孩子带来压力和烦躁。当孩子出现问题行为的时候，父母一定要给孩子时间，等待他们反省和纠正自己的错误，才会看到他们真正的变化。

近年来，越来越多的父母因为孩子过度玩手机感到头疼，亲子之间的很多矛盾都因手机而起。更让父母们感到心累的是，孩子们玩手机的问题，显然不可能在短时间内解决。手机上瘾也是上瘾的一种，强行制止显然是行不通的，只能想办法引导孩子逐渐放下手机。为了让引导更有针对性，父母应该首先弄清楚，孩子放不下手机主要是在打游戏，还是在玩社交软件。

如果孩子玩手机主要是在和朋友们聊天，可以认为孩子并不是对手机这部机器上瘾，而是沉浸在自己精心管理的朋友关系中。还有很多孩子把时间花在了"脸书"上，他们认为"脸书"是展现自己的一种手段，并通过"脸书"跟世界各地的网友沟通交流，享受网络世界的友情。

有些父母不了解这些情况，粗暴地拿走孩子的手机，禁止孩子与朋友们在线聊天，甚至将孩子关在小屋里予以惩罚，这种方式是非常不可取的。父母以为抢走手机，孩子就会把精力投入到学习中，事实却是完全相反的，他们会断然无视父母的这份期待，对父母产生强烈的反抗心。

在和孩子们打交道的过程中，我发现，等待是一种很重要的教育方式，等待也是一种爱。反观我自己，其实我也是一个耐心不足的人。班里有一个叫志燮的男孩子，性格很好，但有点淘气，喜欢和同学们开玩笑，但是经常掌握不好分寸，为此闯了不少祸。每次发生这样的事，我都告诫他不要过分开玩笑，同时，我也总是很沮丧，为什么他不能改改这个习惯呢？

一年后的一天，这孩子跑来对我说："老师，我决定要跟同学们好好相处，不搞恶作剧了。"那天之后，我发现他真的做到了，对同学很友好，特别爱帮助人，学习也比以前努力多了。通过这件事，我意识到，孩子们的成熟可能需要一年时间。我开始反省自己是不是太急于求成了，没有必要追求立竿见影地解决问题，随着时间的推移，孩子们的一些问题可能会自行消失。

在孩子们发现自己的兴趣点和职业倾向的过程中，父母的等待也是必不可少的。我的职业生涯就经历了"大企业兼职职员—中小企业职员—大企业分公司职员—培训机构教师—课后及网络辅导教师"几个阶段，现在作为学校的老师在教孩子们，同时，我也在努力奔向成为"作家"和"演讲家"的路上。

孩子们将来所生活的时代，发展进步会更快，可以预见，他们将来会经历更多的职业转型。但是大部分父母还是认为，孩子们应该尽快发现自己的兴趣和职业倾向，并尽快向那条路迈进。这显然是父母一厢情愿的想法，职业倾向并不是催促就能很快找到的。为了发现孩子真正的天赋秉性，反倒应该给他们足够的空闲时间。

女性学者朴慧兰（音译）在她的著作《如果重新养育孩子》中说，为了帮助孩子发现自己的职业倾向，最好的方法就是让孩子在完全属于自己的时间里，充分展现自己。不是给孩子排上满满的日程，而是让他们处在空闲的状态，玩玩具或者随便做点什么。常常拥有空白时间的孩子，长大以后可能会成为创造性人才。

我的想法也是一样的。想让孩子们具有创造性，就应该给他们按照自己的想法做点什么的机会。有人说，创意活动主要靠大脑想，其实，光是在脑子里琢磨没有任何意义。风靡全球的创意建筑活动"棉花糖挑战赛"的比赛结果，有力地证明了这一点。这项比赛需要的材料包括 20 根意大利面、1 卷胶带、1 卷绳子和 1 个棉花糖。参赛小组需要在 18 分钟内，用这些材料搭建"意面塔"，最后把棉花糖放在塔顶，塔搭得最高的小组获胜。从幼儿园小朋友到硕士、博士，以及各行各业的人都参与了这项实验，结果创下最佳纪录的是幼儿园小朋友团队。

从实验过程来看，高学历人群普遍把大部分时间花在了构思和计划上，幼儿园小朋友则毫无计划地直接尝试搭塔，虽然他们反复失败，但早早地完成了任务，他们用直接干的方式弥补了"没有计划性"的缺陷。这个实验启发我们，真正的创意性是在自由的尝试和失败中，通过反复实践总结出经验的基础上获得的。

父母们没有必要为了解孩子的职业倾向而大费周章，反而应该给他们足够的发现自我的空闲时间，静等他们自己表现出某种倾向。父母们一定要有耐心，在静静的等待中，孩子们会神奇地完成"破茧成蝶"的蜕变。

我一直认为，"能等待"的父母比有钱的父母伟大得多。事实上，大部分父母都不给孩子时间，哪怕孩子成年了，也总是催促：为什么不赶紧找个地方工作，为什么不快点结婚。他们总是拿自己的孩子跟其他人比较，比出一个让自己更加着急的结果。请父母们静下心来想一想，对于停滞不前的孩子，如果不是训斥，而是安慰，对他们现状的评价不是"失败"，而是"遇到了考验而已"，会怎样呢？

青春期的孩子陷入低谷、软弱无力的时候，父母们不要拿着小鞭子催赶孩子，要坦然接受当前的情况，并温暖地鼓励他们重新站起来。请相信，后退是为了更好地前进。信任并等待子女找到自己的路，这是父母给予孩子最有智慧的爱。

曦允老师的知心话

我在 Instagram 上看到过一个感人的故事——

一个 4 岁左右的小孩非要自己上公交车，坚持不要妈妈抱他上车。妈妈就在孩子身后,看着他自己慢慢地上了车,之后,这位妈妈连连向车上的司机和乘客点头道歉。

坐到座位上以后,妈妈问孩子:自己上公交车心情怎么样?妈妈向大家道歉的原因是什么?孩子说,自己上公交车很开心,但看到妈妈向人们道歉,觉得自己好像做错了。听到孩子这样回答,妈妈说:"妈妈是因为咱们给别人带来了麻烦,才说对不起的。"到了要下车的时候,妈妈问:"待会儿下车的时候,咱们应该怎么下呢?"孩子举起小手说:"妈妈抱着下!"看到这一情景的人都非常感叹,说这位妈妈教育孩子很有智慧。

等待不是一件容易的事情。就像上面这个例子,那位妈妈先是耐心地等待孩子试错,又引导他改正了错误,经过这个过程,孩子懂得了不能给别人带来麻烦的道理,变得更加有礼貌了,这一成长多么令人惊喜!作为父母,一定要知道,孩子们的成长需要一定的过程,即使心急如焚,也要耐着性子等待。因为,等待就是爱!

第 40 课

爱孩子，更要信任孩子

去年，从英国传来一个令人惋惜的消息，韩国历史上最优秀的足球运动员朴智星的母亲因交通事故去世了。这位质朴而伟大的女性，亲手培养了亚洲的知名球星。朴智星有一个非常有趣的外号叫"朴三肺"，还有传言说他有"两颗心脏"，这是因为朴智星的体力异常惊人，非常能跑，球迷们纷纷感慨，他为什么会有这么强的肺活量，难道从小喝的是人参汤吗？

其实，朴智星小时候身材很矮小，祖母和母亲为了帮助他补充蛋白质，到处抓青蛙给他吃。如果那时候母亲看他身材矮小，不适合当足球运动员，建议他从事别的运动，韩国就不会有这位顶级球星了。

朴智星虽然身材条件不够好，但母亲坚信她的儿子比任何人都努力，她愿意为儿子付出自己的一切。"即使谁也不相信你会成功，妈妈也相信你！"正是因为母亲怀有这样的信念，才造就了这位举世瞩目的足球运动员。可以说，父母的信任是子女成长的原动力。

我上初中时有个特别有勇气的朋友，不，确切地说，她的妈妈更有勇气。我的朋友叫惠秀，初中时我俩在同一所中学，后来她考进了外国语高中。惠秀在学校里会乖乖地穿校服，但在学校外面，她穿着肥大的嘻哈裤，耳朵上戴好几对耳环，特别新潮。现在的初高中生在假期里染发已经不新鲜了，所以会觉得打扮成这样也没什么好惊讶的，但在当时，这已经是相当令人震惊的时尚装束了。

学校开家长会的时候，不少家长都会过来跟惠秀妈妈聊两句，说说惠秀的穿着打扮，表达一下对惠秀的担心。可是惠秀妈妈若无其事地说："我相信我家惠秀，大家不必担心。"惠秀妈妈掷地有声的一句话，把所有人的嘴都堵住了。

也许正是由于妈妈坚定的信任，惠秀在校外一直坚持着自己钟爱的时尚打扮，但在校内她是一个品学兼优的学生，初中毕业后考上了外国语高中。听说她高中时期的成绩一直很好，顺利考上了 SKY 大学[①] 一个很好的专业。

我觉得惠秀妈妈的这种信任真的特别了不起。一般情况下，家长会上发生这样的事情，妈妈回到家会指着孩子训斥："就因

[①] SKY 大学指的是韩国的三所知名大学，分别是首尔大学（Seoul National University）、高丽大学（Korea University）和延世大学（Yonsei University），SKY 是这三所大学的英文名首字母组合。

为你，我今天在别人面前特别丢脸！你干吗每天打扮得流里流气的？快脱下来，以后不许再穿成这样！"更有甚者，还会一连唠叨好几天。

惠秀妈妈的一句话，不仅向其他家长传递了"我相信我的孩子没问题"的信息，同时也向惠秀传递了"妈妈相信你没问题"的信息，一举两得，真是太有智慧了。慧秀也一定感受到了妈妈的信任，她为了报答妈妈而努力成长。不仅是惠秀的故事，还有很多类似的例子都告诉我们，孩子就是按照父母所相信的模样成长起来的。

像惠秀妈妈、我妈妈那个年代的父母，虽然很少对孩子直接表达爱，但他们很信任孩子，敢于给孩子尝试的机会，让他们自己承担后果。这种信任使孩子成长为有责任感的人。比起以前的父母，我觉得现在的父母对孩子的信任度偏低。

如果孩子们没有机会经历失败，就不会有大的成长、进步，特别是青春期的孩子们，更需要多多历练自己。可是家长们往往出于心疼孩子的想法，把孩子照顾得无微不至，或者为了孩子能有更多时间学习，家长承包了全部家务。他们没想到的是，孩子离开家上了大学，不光生活上有困难，精神上也会陷入迷茫，不知所措，彷徨无助。我当补习班老师的时候，遇到过很多几乎没有什么生活经验的学生。他们的每一天，都被妈妈安排得满满当当，他们就像执行程序一样严格地按照日程表运转。孩子们体会不到拥有自己的时间的快乐，当然也不明白为什么应该珍惜时间，只是茫茫然从一个补习班转战到另一个补习班。

还有一个很重要的问题是，家长阻断了补习班老师和孩子沟通的路径，导致补习质量低。补习班老师有很多事情需要和孩子们沟通清楚，比如，学校老师是怎么上课的，考试范围是什么样的，哪些内容需要加强，等等。

实际的情况是，所有的事情我都只能和母亲们商量，而不是孩子。孩子只是收到母亲和老师沟通的结果。在这样的过程中，孩子们逐渐忘记了思考。如果某个孩子的妈妈把日程安排得乱七八糟，他就会像代码被错误识别的机器人一样，出现卡顿，不知所措。

孩子们的时间管理能力不是一朝一夕就能培养起来的，他们在今天成功、明天失败的亲身实践中，慢慢掌握时间管理的方法，但"日程表妈妈"不允许孩子们拿出时间去做那些错误的尝试。

"日程表妈妈"抚养的孩子，每天都是好不容易才能做完作业的。疲惫不堪的他们已经厌倦了每一天陀螺般的生活，自然也体会不到自己的时间有多宝贵，这样的孩子极有可能长大成人之后，会是一个浪费时间的庸庸碌碌的人。

孩子们上大学以后就要自己制定日程表了，要考虑方方面面的事情，比如，本学期选学哪些科目，选哪位教授的课，想选的课程时间冲突了怎么办，甚至具体到每一天上学、放学、吃饭、运动、睡觉的时间，都需要自己做决定。倘若孩子们在初高中时期，一切依靠妈妈来安排，到了大学就会感觉生活无比艰难，许多事情只会让自己感到压力，而不是乐趣。

相信青春期的孩子，并不意味着他们什么事都能做好，相反，有很多事情他们做不好，还会吃一些苦头。但即使他们做错了，父母们也要允许、支持、鼓励他们，做他们该做的事情。也就是说，父母要在某些领域放手，让孩子们去经历这个年龄段应该经历的考验。作为工作在教育一线的老师，我认为对于青春期的孩子，最重要的就是"信任"。

有两种理论认为学生会因为老师的信念而发生改变。第一个是"标签理论"。标签理论是指学生出现问题行为后，如果老师给他贴上标签说他还会再犯，学生就会察觉到老师的这种信念，再次犯错，并逐渐变成问题少年。第二个就是著名的"皮格马利翁效应"。皮格马利翁效应是指如果老师对学生发生积极的变化怀有期待，学生就会逐渐发生积极的变化。

这两大理论表明，老师的期待和信任，可能会让孩子变得更好，也可能会让孩子变得更差。所以，我深刻地感受到自己肩头沉甸甸的责任——老师不要给学生"贴标签"，而是要积极发挥好"皮格马利翁效应"。

父母也应该这样做。对于青春期的孩子们来说，父母是最有影响力、最重要的人。即使全世界都没有人相信他们，只要父母相信，他们就会充满力量。因为父母的信任本身，就是在以真诚之心接近孩子,孩子自然能感受到父母的爱和支持,因而会变得积极而且自律。

曦允老师的知心话

父母对孩子的爱是毋庸置疑的,但在信任孩子这一点上,父母们做得怎么样呢?

父母的不信任,会使孩子缺乏自信,所以,父母千万不要疏于对孩子表达"信任"。当父母有意无意地向孩子传达信任时,就会发现,孩子在不知不觉中,变成了一个努力按照父母的信念成长的人。

第41课

今天幸福，未来才会幸福

"Carpe Diem（享受当下）！"

看过电影《死亡诗社》的人一定很熟悉"Carpe Diem"这个句子。这句话出自电影中的基廷老师，这个角色由美国著名演员罗宾·威廉姆斯饰演。基廷老师刚刚就任于一所管理非常严格的名牌高中，就教孩子们摆脱纪律的束缚，以新的视角看待事物。他还告诉孩子们，要打破整齐划一的思维限制，要敢于追求自由，要专注于自己的感受，并享受当下的快乐。孩子们在基廷老师的影响下，成立了"死亡诗社"，他们吟唱着自创的诗，天马行空地展开想象，享受着心灵的自由。后来，一个叫尼尔的孩子自杀了，校长害怕承担责任，就把责任推到了基廷老师身上，把他从学校里开除了。基廷老师虽然离开了，但"享受当下"这一教诲，在孩子们的心中深深扎下了根。

每个父母都希望孩子幸福，但问题是，希望孩子什么时候幸福？大多数父母都为了未来的幸福而放弃了孩子现在的幸福。可是，对于孩子来说，此刻、当下，比未来更重要。

在中学，社团活动展示会是一年中最大型的活动，孩子们可以登上舞台，展示自己在社团里学到的才艺。但是在筹备展示会的过程中，总能看到拿着电话哭哭啼啼的小家伙们。他们跟妈妈商量，今天要排练展示会的节目，不想去补习班了。可是妈妈非让他们不参加排练，去补习班上课。妈妈的态度让孩子很伤心，有的孩子一边和妈妈通话，一边流眼泪。

当然，从父母的角度来看，补习班学费挺贵的，因为学校的才艺活动耽误补习，从多个方面来说都是损失。但从孩子的立场来看，补习班明天要上，后天也要上，是每天都重复的日常，而社团展示会是一年只有一次的特殊活动。

孩子宁可不去补课也要参加展示会排练，他们的意愿如此，父母能不能睁一只眼闭一只眼，答应孩子的请求呢？不要小看父母的这一次点头，孩子们会因此觉得爸爸妈妈理解他们、尊重他们，爸爸妈妈跟他们心灵相通，他们会发自内心地尊敬父母，愿意听父母的话。父母为孩子此刻的意愿加油助力，孩子就会被父母深深感动，这份感动会让孩子感到幸福。

很多时候，我们会为了拥有更好的未来而牺牲现在，比如，为了买房子节衣缩食，为了能上更好的学校，废寝忘食地学习，等等。所有人都知道，没有现在的刻苦努力，就无法创造想要的未来。但如果没有幸福的现在，还会有幸福的未来吗？

认真思考过这个问题，我得出了一个结论：活在幸福的现在。

人不能只想着享受，但只有现在幸福，才能创造快乐的未来。孩子们也是一样。不要为了遥远的未来，而让孩子把所有的时间都花在学习上，还需要鼓励他们多做一些现在就能感觉到快乐的事情。

未来社会的发展速度，专家也难以预测。"人工智能"已经开始取代人类的简单劳动，不久的将来，也许家家户户都会有家务助手机器人。从这个意义上说，孩子们为了将来能够从事现在所认为的某种好职业，把所有的时间都花在学习上，很有可能是一件毫无意义的事情。

孩子长大后会成为什么样的人，我们都不知道，所以让我们为孩子当下想要的幸福助力吧。我国的初高中生和其他国家的学生相比非常可怜，面对的竞争相当激烈，孩子们每天除了学习就是学习，还被不断地鼓励着再努力一些，再进步一些。"跨越阶层的阶梯只有学习""越穷越应该学习"，这样的观念早已深入人心，所以很多孩子都是被迫学习，而不是为了实现自己的梦想学习的。被迫学习的孩子，感受不到当下的幸福，对未来也不抱希望，只是无力地应付着忙碌的日程。

为了让孩子对当下的自己拥有信心，父母应该想办法平衡他们的学习和生活，积极地引导孩子去丰富阅历，增长见识。

学习以外的活动首推体育运动。青少年时期锻炼身体是非常重要的事情，通过体育运动锻炼身体能力，也是孩子非常重要的课程之一。运动不但可以促进大脑的发育,也可以提升身体素质和精神品质。欧美国家非常重视青少年的体育教育,可是韩国学生花在运动上的时间是非常不足的。父母应该提高对体育运动的认识,尽量多给孩子创造运动的机会,最好能培养孩子对某一项或几项运动的兴趣,并支持他们长期坚持。

另外,支持孩子发展一项兴趣爱好也是非常重要的。近年来,各级各类学校都在开设课外兴趣班,鼓励学生们利用放学后的时间参加活动,培养兴趣和才艺。父母应该跟孩子充分讨论,发现他们的兴趣和特长,并支持他们投入时间和精力,享受发展这一特长所带来的挑战与乐趣。每周应该至少让孩子们正式参加一次活动,并长期坚持。

时代的发展进步,使社会对劳动者的要求发生了很大变化,由以前的"专业型",变成现在的"全面型"。没有兴趣和特长的人,在社会生活中会受到有形或无形的限制。比如,想要在单位构建自己的人脉关系,积极参加单位内部的文娱活动是必不可少的途径,没有兴趣和特长的人,往往很难参与其中,这样就会失去一些与同事交流的机会。

兴趣和特长是在不断重复的过程中培养起来的。即使是父母眼中毫无意义的事情,天长日久地积累下去,也可能会变得有意义。比如,孩子喜欢并坚持玩社交媒体,长大以后也可能成为优秀的社交媒体营销人员。请别忘了,如果孩子们现在快乐,未来也一定会幸福。

曦允老师的知心话

你听说过"YOLO"这个词吗?

YOLO 是由"You Only Live Once"这四个单词的首字母组合而成的,意思是"人生只有一次",寓意人应该珍惜当下的幸福,享受人生,不要为了未来而牺牲现在。

这个新词的出现,表现了年轻一代对"习惯于牺牲当下幸福"的生活方式的反抗,也可以理解为他们在"节衣缩食攒10年钱才能买一套房子"的现实中,苦苦挣扎着寻找幸福。

生命对任何人来说都只有一次。虽然人们有必要为不确定的未来做好储蓄和准备,但没有必要为还没有到来的未来牺牲和抵押当下的生活。

请父母们珍惜孩子的当下。当下幸福的孩子有足够的能量创造未来的幸福,但当下感到不幸的孩子会害怕梦想未来。希望每个人都拥有明智的人生态度,既要享受眼前的快乐,也要追求未来的幸福。

内心探访⑤

曦允老师提问，智温回答

#瞬间记忆力 #学校很无聊 #老师对不起 #职业玩家 #父母对不起

林智温：大家好，我是瞬间记忆力非常好的林智温。

曦允老师：智温啊，马上就要初中毕业了，用5个字来描述一下你的初中生活吧！

林智温："很没有意思"，正好五个字。

曦允老师：嗯？没意思？你是说初中毕业没意思吗？

林智温：嗯，这句话有多重意思。中学生活本身就很没意思。

曦允老师：那你觉得小学好玩吗？

林智温：不，也没意思。

曦允老师：哦，对你来说，不管是小学还是中学，都有点无趣。那么你觉得，学校是个什么样的地方呢？

林智温：嗯……该怎么说呢？学校就像家一样，家里也没意思。家和学校都很珍贵，每个人都非常需要家和学校，但是没意思。

曦允老师：为什么觉得没意思呢？

林智温：每天要安静地坐很长时间，很无聊。

曦允老师：那智温对什么地方感兴趣？

林智温：我喜欢在溪谷或是大海之类的地方活动身体，跑来跑去地玩。

曦允老师：哦，看起来，要想让智温的学校生活变得有趣，首先应该减少坐着的时间。下一个问题，你的"中二病"大概是什么时候？

林智温：我记得是去年，对抗我们班老师的时候。

曦允老师：当时为什么会跟老师产生对抗？

林智温：去年，我们班订立了一项惩罚措施，违反规定的人要打扫一个月教室。我违反的次数太多了，惩罚累积起来，需要连续8个月打扫教室，一直打扫到初二下学期结束。为此，我特别生气，无法控制自己的愤怒，跟老师顶了嘴。现在我觉得是我错了，而且下定决心以后再也不那样了。我想再次向老师道歉：老师，对不起！

曦允老师：看得出来，你是真心反省。到目前为止，你有什么后悔或遗憾的事情吗？

林智温：刚才说的就是我最后悔的事情。最遗憾的事情，嗯，守望先锋游戏公司邀请我当职业玩家，但是我没参加，觉得有点可惜。

曦允老师：哇，真的吗？你接到职业玩家的邀请了？为什么没参加呢？

林智温：是的。因为我觉得父母不会同意，就拒绝了。现在回想起来，要是那时候跟父母商量一下就好了。

曦允老师：是啊，真的有点可惜。智温，你长大以后想成为什么样的人呢？

林智温：嗯，现在我还不太清楚，我还没有找到想做的事情。不过有一点已经明确了，我想成为一个有趣的人。

曦允老师：老师相信你，你一定能成为一个有趣的人。在这里，你有什么话想和爸爸妈妈说吗？

林智温：嗯……对不起！

曦允老师：什么对不起？

林智温：这个我不能详细告诉您。之前我出了很多状况，做错了很多事……爸爸妈妈，对不起！

曦允老师：不能说的事情我们就不说了，智温，不要有太大压力哈。好了，最后，你有什么话想对这本书的读者说吗？

林智温：希望父母们成为对孩子有意义的人。

曦允老师："有意义的人"是指——

林智温：这只是我的想法。很多父母为了孩子能好好学习，默默地照顾孩子，在公司里也很努力工作，但是陪伴孩子的时间很少。我希望爸爸妈妈能多花一点时间，跟孩子们在一起，经常跟孩子们面对面聊聊天，让孩子们在内心中体会到"原来爸爸妈妈是这样的人啊"，明白父母对于自己的意义。